L'INDISPENSABLE,

LIVRET

POUR LA RÉDUCTION DES PEIGNES

DE LA FABRIQUE

DES ÉTOFFES DE SOIE.

AVIS ESSENTIEL.

Le nombre de 27 millimètres, 272 millièmes, représente un pouce de largeur. Ainsi, en changeant seulement le nom de *Pouce* en celui de 27 millimètres 272 millièmes, on opèrera d'aprés le nouveau système, sans changer de manière de compter.

M. BEAUJOLIN, auteur du présent Livret, prévient qu'il est Marchand de Métiers, *place de la Croix-Rousse, 7*; et qu'il tient un grand assortiment de tout ce qui concerne les ustensiles de la Fabrique aux prix les plus modérés.

Signature de l'Auteur

L'Auteur poursuivra les contrefacteurs devant les Tribunaux compétens.

Fait à la Croix-Rousse en janvier 1840.

L'INDISPENSABLE,

LIVRET

POUR LA RÉDUCTION DES PEIGNES

DE LA FABRIQUE

Des Étoffes de Soie,

Avec indication
du nombre de dents que chaque
peigne contient en total, ainsi que du nombre
de dents à 27 millimètres 272 millièmes, divisées par une dent
et de cent et un nombres, différents de portée à
chaque largeur, divisés par le
système métrique.

LYON,
IMPRIMERIE DE REY, RUE DE L'ARCHEVÊCHÉ, 3.

1840.

1/3. — 40 centimètres.

Nombre de dents à 27 millimètres, 272 millièmes.	Portées.	Dents.	Fractions.	Nombre de dents en tout le peigne.		Nombre de dents à 27 millimètres, 272 millièmes.	Portées.	Dents.	Fractions.	Nombre de dents en tout le peigne.	
20	7	13	1/3	293	1/3	46	16	34	2/3	674	2/3
21	7	28		308		47	17	9	1/3	689	1/3
22	8	2	2/3	322	2/3	48	17	24		704	
23	8	17	1/3	337	1/3	49	17	38	2/3	718	2/3
24	8	32		352		50	18	13	1/3	733	1/3
25	9	6	2/3	366	2/3	51	18	28		748	
26	9	21	1/3	381	1/3	52	19	2	2/3	762	2/3
27	9	36		396		53	19	17	1/3	777	1/3
28	10	10	2/3	410	2/3	54	19	32		792	
29	10	25	1/3	425	1/3	55	20	6	2/3	806	2/3
30	11			440		56	20	21	1/3	821	1/3
31	11	14	2/3	454	2/3	57	20	36		836	
32	11	29	1/3	469	1/3	58	21	10	2/3	850	2/3
33	12	4		484		59	21	25	1/3	865	1/3
34	12	18	2/3	498	2/3	60	22			880	
35	12	33	1/3	513	1/3	61	22	14	2/3	894	2/3
36	13	8		528		62	22	29	1/3	909	1/3
37	13	22	2/3	542	2/3	63	23	[illegible]		924	
38	13	37	1/3	557	1/3	64	23	18	2/3	938	2/3
39	14	12		572		65	23	33	1/3	953	1/3
40	14	26	2/3	586	2/3	66	24	8		968	
41	15	1	1/3	601	1/3	67	24	22	2/3	982	2/3
42	15	16		616		68	24	37	1/3	997	1/3
43	15	30	2/3	630	2/3	69	25	12		1012	
44	16	5	1/3	645	1/3	70	25	26	2/3	1026	2/3
45	16	20		660		71	26	1	1/3	1041	1/3

19/48. — 47 centimètres 1/2.

Nombre de dents à 27 millimètres, 272 millièmes.	Portées.	Dents.	Fractions.	Nombre de dents en tout le peigne.		Nombre de dents à 27 millimètres, 272 millièmes.	Portées.	Dents.	Fractions.	Nombre de dents en tout le peigne.	
20	8	28	1/3	348	1/3	46	20	1	1/6	801	1/6
21	9	5	3/4	365	3/4	47	20	18	7/12	818	7/12
22	9	23	1/6	383	1/6	48	20	36		836	
23	10		7/12	400	7/12	49	21	13	5/12	853	5/12
24	10	18		418		50	21	30	5/6	870	5/6
25	10	35	5/12	435	5/12	51	22	8	1/4	888	1/4
26	11	12	5/6	452	5/6	52	22	25	2/3	905	2/3
27	11	30	1/4	470	1/4	53	23	3	1/12	923	1/12
28	12	7	2/3	487	2/3	54	23	20	1/2	940	1/2
29	12	25	1/12	505	1/12	55	23	37	11/12	957	11/12
30	13	2	1/2	522	1/2	56	24	15	1/3	975	1/3
31	13	19	11/12	539	11/12	57	24	32	3/4	992	3/4
32	13	37	1/3	557	1/3	58	25	10	1/6	1010	1/6
33	14	14	3/4	574	3/4	59	25	27	7/12	1027	7/12
34	14	32	1/6	592	1/6	60	26	5		1045	
35	15	9	7/12	609	7/12	61	26	22	5/12	1062	5/12
36	15	27		627		62	26	39	5/6	1079	5/6
37	16	4	5/12	644	5/12	63	27	17	1/4	1097	1/4
38	16	21	5/6	661	5/6	64	27	34	2/3	1114	2/3
39	16	38	1/4	679	1/4	65	28	12	1/12	1132	1/12
40	17	16	2/3	696	2/3	66	28	29	1/2	1149	1/2
41	17	34	1/12	714	1/12	67	29	6	11/12	1166	11/12
42	18	11	1/2	731	1/2	68	29	24	1/3	1184	1/3
43	18	28	11/12	748	11/12	69	30	1	3/4	1201	3/4
44	19	6	1/3	766	1/3	70	30	19	1/6	1219	1/6
45	19	23	3/4	783	3/4	71	30	36	7/12	1236	7/12

3/8. 45 centimètres.

Nombre de dents à 27 millimètres, 272 millièmes.	Portées.	Dents.	Fractions.	Nombre de dents en tout le peigne.		Nombre de dents à 27 millimètres, 272 millièmes.	Portées.	Dents.	Fractions.	Nombre de dents en tout le peigne.	
72	29	28		1188		98	40	17		1617	
73	30	4	1/2	1204	1/2	99	40	33	1/3	1633	1/2
74	30	21		1221		100	41	10		1650	
75	30	37	1/2	1237	1/2	101	41	26	1/2	1666	1/2
76	31	14		1254		102	42	3		1683	
77	31	30	1/2	1270	1/2	103	42	19	1/2	1699	1/2
78	32	7		1287		104	42	36		1716	
79	32	23	1/2	1303	1/2	105	43	12	1/2	1732	1/2
80	33			1320		106	43	29		1749	
81	33	16	1/2	1336	1/2	107	44	5	1/2	1765	1/2
82	33	33		1353		108	44	22		1782	
83	34	9	1/2	1369	1/2	109	44	38	1/2	1798	1/2
84	34	26		1386		110	45	15		1815	
85	35	2	1/2	1402	1/2	111	45	31	1/2	1831	1/2
86	35	19		1419		112	46	8		1848	
87	35	35	1/2	1435	1/2	113	46	24	1/2	1864	1/2
88	36	12		1452		114	47	1		1881	
89	36	28	1/2	1468	1/2	115	47	17	1/2	1897	1/2
90	37	5		1485		116	47	34		1914	
91	37	21	1/2	1501	1/2	117	48	10	1/2	1930	1/2
92	37	38		1518		118	48	27		1947	
93	38	14	1/2	1534	1/2	119	49	3	1/2	1963	1/2
94	38	31		1551		120	49	20		1980	
95	39	7	1/2	1567	1/2						
96	39	24		1584							
97	40		1/2	1600	1/2						

3/8. — 45 centimètres.

Nombre de dents à 27 millimètres, 272 millièmes.	Portées.	Dents.	Fractions.	Nombre de dents en tout le peigne.		Nombre de dents à 27 millimètres, 272 millièmes.	Portées.	Dents.	Fractions.	Nombre de dents en tout le peigne.	
20	8	10		330		46	18	39		759	
21	8	26	1/2	346	1/2	47	19	15	1/2	775	1/2
22	9	3		363		48	19	32		792	
23	9	19	1/2	379	1/2	49	20	8	1/2	808	1/2
24	9	36		396		50	20	25		825	
25	10	12	1/2	412	1/2	51	21	1	1/2	841	1/2
26	10	29		429		52	21	18		858	
27	11	5	1/2	445	1/2	53	21	34	1/2	874	1/2
28	11	22		462		54	22	11		891	
29	11	38	1/2	478	1/2	55	22	27	1/2	907	1/2
30	12	15		495		56	23	4		924	
31	12	31	1/2	511	1/2	57	23	20	1/2	940	1/2
32	13	8		528		58	23	37		957	
33	13	24	1/2	544	1/2	59	24	13	1/2	973	1/2
34	14	1		561		60	24	30		990	
35	14	17	1/2	577	1/2	61	25	6	1/2	1006	1/2
36	14	34		594		62	25	23		1023	
37	15	10	1/2	610	1/2	63	25	39	1/2	1039	1/2
38	15	27		627		64	26	16		1056	
39	16	3	1/2	643	1/2	65	26	32	1/2	1072	1/2
40	16	20		660		66	27	9		1089	
41	16	36	1/2	676	1/2	67	27	25	1/2	1105	1/2
42	17	13		693		68	28	2		1122	
43	17	29	1/2	709	1/2	69	28	18	1/2	1138	1/2
44	18	6		726		70	28	35		1155	
45	18	22	1/2	742	1/2	71	29	11	1/2	1171	1/2

1/3 40 centimètres.

Nombre de dents à 27 millimètres, 272 millièmes.	Portées.	Dents.	Fractions.	Nombre de dents en tout le peigne.		Nombre de dents à 27 millimètres, 272 millièmes.	Portées.	Dents.	Fractions.	Nombre de dents en tout le peigne.	
72	26	16		1056		98	35	37	1/3	1437	1/3
73	26	30	2/3	1070	2/3	99	36	12		1452	
74	27	5	1/3	1085	1/3	100	36	26	2/3	1466	2/3
75	27	20		1100		101	37	1	1/3	1481	1/3
76	27	34	2/3	1114	2/3	102	37	16		1496	
77	28	9	1/3	1129	1/3	103	37	30	2/3	1510	
78	28	24		1144		104	38	5	1/3	1525	
79	28	38	2/3	1158	2/3	105	38	20		1540	
80	29	13	1/3	1173	1/3	106	38	34	2/3	1554	2/3
81	29	28		1188		107	39	9	1/3	1569	1/3
82	30	2	2/3	1202	2/3	108	39	24		1574	
83	30	17	1/3	1217	1/3	109	39	38	2/3	1598	2/3
84	30	32		1232		110	40	13	1/3	1613	1/3
85	31	6	2/3	1246	2/3	111	40	28		1628	
86	31	21	1/3	1261	1/3	112	41	2	2/3	1642	2/3
87	31	36		1276		113	41	17	1/3	1657	1/3
88	32	10	2/3	1290	2/3	114	41	32		1672	
89	32	25	1/3	1305	1/3	115	42	6	2/3	1686	2/3
90	33			1320		116	42	21	1/3	1701	1/3
91	33	14	2/3	1334	2/3	117	42	36		1716	
92	33	29	1/3	1349	1/3	118	43	10	2/3	1730	2/3
93	34	4		1364		119	43	25	1/3	1745	1/3
94	34	18	2/3	1378	2/3	120	44			1760	
95	34	33	1/3	1393	1/3						
96	35	8		1408							
97	35	22	2/3	1422	2/3						

19/48. 47 centimètres 1/2.

Nombre de dents à 27 millimètres, 272 millièmes.	Portées.	Dents.	Fractions.	Nombre de dents en tout le peigne.		Nombre de dents à 27 millimètres, 272 millièmes.	Portées.	Dents.	Fractions.	Nombre de dents en tout le peigne.	
72	31	14		1254		98	42	26	5/6	1706	5/6
73	31	31	5/12	1271	5/12	99	43	4	1/4	1724	1/4
74	32	8	5/6	1288	5/6	100	43	21	2/3	1741	2/3
75	32	26	1/4	1306	1/4	101	43	39	1/12	1759	1/12
76	33	3	2/3	1323	2/3	102	44	16	1/2	1776	1/2
77	33	21	1/12	1341	1/12	103	44	33	11/12	1793	11/12
78	33	38	1/2	1358	1/2	104	45	11	1/3	1811	1/3
79	34	15	11/12	1375	11/12	105	45	28	3/4	1828	3/4
80	34	33	1/3	1393	1/3	106	46	6	1/6	1846	1/6
81	35	10	3/4	1410	3/4	107	46	23	7/12	1863	7/12
82	35	28	1/6	1428	1/6	108	47	1		1881	
83	36	5	7/12	1445	7/12	109	47	18	5/12	1898	5/12
84	36	23		1463		110	47	35	5/6	1915	5/6
85	37		5/12	1480	5/12	111	48	13	1/4	1933	1/4
86	37	17	5/6	1497	5/6	112	48	30	2/3	1950	2/3
87	37	35	1/4	1515	1/4	113	49	8	1/12	1968	1/12
88	38	12	2/3	1532	2/3	114	49	25	1/2	1985	1/2
89	38	30	1/12	1550	1/12	115	50	2	11/12	2002	11/12
90	39	7	1/2	1567	1/2	116	50	20	1/3	2020	1/3
91	39	24	11/12	1584	11/12	117	50	37	3/4	2037	3/4
92	40	2	1/3	1602	1/3	118	51	15	1/6	2055	1/6
93	40	19	3/4	1619	3/4	119	51	32	7/12	2072	7/12
94	40	37	1/6	1637	1/6	120	52	10		2090	
95	41	14	7/12	1654	7/12						
96	41	32		1672							
97	42	9	5/12	1689	5/12						

5/12. — 50 centimètres.

Nombre de dents à 27 millimètres, 272 millièmes.	Portées.	Dents.	Fractions.	Nombre de dents en tout le peigne.		Nombre de dents à 27 millimètres, 272 millièmes.	Portées.	Dents.	Fractions.	Nombre de dents en tout le peigne.	
20	9	6	2/3	366	2/3	46	21	3	1/3	843	1/3
21	9	25		385		47	21	21	2/3	861	2/3
22	10	3	1/3	403	1/3	48	22			880	
23	10	21	2/3	421	2/3	49	22	18	1/3	898	1/3
24	11			440		50	22	36	2/3	916	2/3
25	11	18	1/3	458	1/3	51	23	15		935	
26	11	36	2/3	476	2/3	52	23	33	1/3	953	1/3
27	12	15		495		53	24	11	2/3	971	2/3
28	12	33	1/3	513	1/3	54	24	30		990	
29	13	11	2/3	531	2/3	55	25	8	1/3	1008	1/3
30	13	30		550		56	25	26	2/3	1026	2/3
31	14	8	1/3	568	1/3	57	26	5		1045	
32	14	26	2/3	586	2/3	58	26	23	1/3	1063	1/3
33	15	5		605		59	27	1	2/3	1081	2/3
34	15	23	1/3	623	1/3	60	27	20		1100	
35	16	1	2/3	641	2/3	61	27	38	1/3	1118	1/3
36	16	20		660		62	28	16	2/3	1136	2/3
37	16	38	1/3	678	1/3	63	28	35		1155	
38	17	16	2/3	696	2/3	64	29	13	1/3	1173	1/3
39	17	35		715		65	29	31	2/3	1191	2/3
40	18	13	1/3	733	1/3	66	30	10		1210	
41	18	31	2/3	751	2/3	67	30	28	1/3	1228	1/3
42	19	10		770		68	31	6	2/3	1246	2/3
43	19	28	1/3	788	1/3	69	31	25		1265	
44	20	6	2/3	806	2/3	70	32	3	1/3	1283	1/3
45	20	25		825		71	32	21	2/3	1301	2/3

5/12. — 50 centimètres.

Nombre de dents à 27 millimètres, 272 millièmes.	Portées.	Dents.	Fractions.	Nombre de dents en tout le peigne.		Nombre de dents à 27 millimètres, 272 millièmes.	Portées.	Dents.	Fractions.	Nombre de dents en tout le peigne.	
72	33			1320		98	44	36	2/3	1796	2/3
73	33	18	1/3	1338	1/3	99	45	15		1815	
74	33	36	2/3	1356	2/3	100	45	33	1/3	1833	1/3
75	34	15		1375		101	46	11	2/3	1851	2/3
76	34	33	1/3	1393	1/3	102	46	30		1870	
77	35	11	2/3	1411	2/3	103	47	8	1/3	1888	1/3
78	35	30		1430		104	47	26	2/3	1906	2/3
79	36	8	1/3	1448	1/3	105	48	5		1925	
80	36	26	2/3	1466	2/3	106	48	23	1/3	1943	1/3
81	37	5		1485		107	49	1	2/3	1961	2/3
82	37	23	1/3	1503	1/3	108	49	20		1980	
83	38	1	2/3	1521	2/3	109	49	38	1/3	1998	1/3
84	38	20		1540		110	50	16	2/3	2016	2/3
85	38	38	1/3	1558	1/3	111	50	35		2035	
86	39	16	2/3	1576	2/3	112	51	13	1/3	2053	1/3
87	39	35		1595		113	51	31	2/3	2071	2/3
88	40	13	1/3	1613	1/3	114	52	10		2090	
89	40	31	2/3	1631	2/3	115	52	28	1/3	2108	1/3
90	41	10		1650		116	53	6	2/3	2126	2/3
91	41	28	1/3	1668	1/5	117	53	25		2145	
92	42	6	2/3	1686	2/3	118	54	3	1/3	2163	1/3
93	42	25		1705		119	54	21	2/3	2181	2/3
94	43	3	1/3	1723	1/3	120	55			2200	
95	43	21	2/3	1741	1/5						
96	44			1760							
97	44	18	1/3	1778	1/5						

7/16, — 52 centimètres 1/2.

Nombre de dents à 27 millimètres 272 millièmes	Portées.	Dents.	Fractions.	Nombre de dents en tout le peigne.		Nombre de dents à 27 millimètres 272 millièmes	Portées.	Dents.	Fractions.	Nombre de dents en tout le peigne.	
20	9	25		385		46	22	5	1/2	885	1/2
21	10	4	1/4	404	1/4	47	22	24	3/4	904	3/4
22	10	23	1/2	423	1/2	48	23	4		924	
23	11	2	3/4	442	3/4	49	23	23	1/4	943	1/4
24	11	22		462		50	24	2	1/2	962	1/2
25	12	1	1/4	481	1/4	51	24	21	3/4	981	3/4
26	12	20	1/2	500	1/2	52	25	1		1001	
27	12	39	3/4	519	3/4	53	25	20	1/4	1020	1/4
28	13	19		539		54	25	39	1/2	1039	1/2
29	13	38	1/4	558	1/4	55	26	18	3/4	1058	3/4
30	14	17	1/2	577	1/2	56	26	38		1078	
31	14	36	3/4	596	3/4	57	27	17	1/4	1097	1/4
32	15	16		616		58	27	36	1/2	1116	1/2
33	15	35	1/4	635	1/4	59	28	15	3/4	1135	3/4
34	16	14	1/2	654	1/2	60	28	35		1155	
35	16	33	3/4	673	3/4	61	29	14	1/4	1174	1/4
36	17	13		693		62	29	33	1/2	1193	1/2
37	17	32	1/4	712	1/4	63	30	12	3/4	1212	3/4
38	18	11	1/2	731	1/2	64	30	32		1232	
39	18	30	3/4	750	3/4	65	31	11	1/4	1251	1/4
40	19	10		770		66	31	30	1/2	1270	1/2
41	19	29	1/4	789	1/4	67	32	9	3/4	1289	3/4
42	20	8	1/2	808	1/2	68	32	29		1309	
43	20	27	3/4	827	3/4	69	33	8	1/4	1328	1/4
44	21	7		847		70	33	27	1/2	1347	1/2
45	21	26	1/4	866	1/4	71	34	6	3/4	1366	3/4

7/16 — 52 centimètres 1/2.

Nombre de dents à 1 millimètre, 272 millièmes.	Portées.	Dents.	Fractions.	Nombre de dents en tout le peigne.		Nombre de dents à 1 millimètre, 272 millièmes.	Portées.	Dents.	Fractions.	Nombre de dents en tout le peigne.	
72	34	26		1386		98	47	6	1/2	1886	1/2
73	35	5	1/4	1405	1/4	99	47	25	3/4	1905	3/4
74	35	24	1/2	1424	1/2	100	48	5		1925	
75	36	3	3/4	1443	3/4	101	48	24	1/4	1944	1/4
76	36	23		1463		102	49	3	1/2	1963	1/2
77	37	2	1/4	1482	1/4	103	49	22	3/4	1982	3/4
78	37	21	1/2	1501	1/2	104	50	2		2002	
79	38		3/4	1520	3/4	105	50	21	1/4	2021	1/4
80	38	20		1540		106	51		1/2	2040	1/2
81	38	39	1/4	1559	1/4	107	51	19	3/4	2059	3/4
82	39	18	1/2	1578	1/2	108	51	39		2079	
83	39	37	3/4	1597	3/4	109	52	18	1/4	2098	1/4
84	40	17		1617		110	52	37	1/2	2117	1/2
85	40	36	1/4	1636	1/4	111	53	16	3/4	2136	3/4
86	41	15	1/2	1655	1/2	112	53	36		2156	
87	41	34	3/4	1674	3/4	113	54	15	1/4	2175	1/4
88	42	14		1694		114	54	34	1/2	2194	1/2
89	42	33	1/4	1713	1/4	115	55	13	3/4	2213	3/4
90	43	12	1/2	1732	1/2	116	55	33		2233	
91	43	31	3/4	1751	3/4	117	56	12	1/4	2252	1/4
92	44	11		1771		118	56	31	1/2	2271	1/2
93	44	30	1/4	1790	1/4	119	57	10	3/4	2290	3/4
94	45	9	1/2	1809	1/2	120	57	30		2310	
95	45	28	3/4	1828	3/4						
96	46	8		1848							
97	46	27	1/4	1867	1/4						

11/24. — 55 centimètres.

Nombre de dents à 27 millimètres, 274 millièmes.	Portées.	Dents.	Fractions.	Nombre de dents en tout le peigne.		Nombre de dents à 27 millimètres, 274 millièmes.	Portées.	Dents.	Fractions.	Nombre de dents en tout le peigne.	
20	10	3	1/3	403	1/3	46	23	7	2/3	927	2/3
21	10	23	1/2	423	1/2	47	23	27	5/6	947	5/6
22	11	3	2/3	443	2/3	48	24	8		968	
23	11	23	5/6	463	5/6	49	24	28	1/6	988	1/6
24	12	4		484		50	25	8	1/3	1008	1/3
25	12	24	1/6	504	1/6	51	25	28	1/2	1028	1/2
26	13	4	1/3	524	1/3	52	26	8	2/3	1048	2/3
27	13	24	1/2	544	1/2	53	26	28	5/6	1068	5/6
28	14	4	2/3	564	2/3	54	27	9		1089	
29	14	24	5/6	584	5/6	55	27	29	1/6	1109	1/6
30	15	5		605		56	28	9	1/3	1129	1/3
31	15	25	1/6	625	1/6	57	28	29	1/2	1149	1/2
32	16	5	1/3	645	1/3	58	29	9	2/3	1169	2/3
33	16	25	1/2	665	1/2	59	29	29	5/6	1189	5/6
34	17	5	2/3	685	2/3	60	30	10		1210	
35	17	25	5/6	705	5/6	61	30	30	1/6	1230	1/6
36	18	6		726		62	31	10	1/3	1250	1/3
37	18	26	1/6	746	1/6	63	31	30	1/2	1270	1/2
38	19	6	1/3	766	1/3	64	32	10	2/3	1290	2/3
39	19	26	1/2	786	1/2	65	32	30	5/6	1310	5/6
40	20	6	2/3	806	2/3	66	33	11		1331	
41	20	26	5/6	826	5/6	67	33	31	1/6	1351	1/6
42	21	7		847		68	34	11	1/3	1371	1/3
43	21	27	1/6	867	1/6	69	34	31	1/2	1391	1/2
44	22	7	1/3	887	1/3	70	35	11	2/3	1411	2/3
45	22	27	1/2	907	1/2	71	35	31	5/6	1431	5/6

11/24. — 55 centimètres.

Nombre de dents à 27 millimètres, 272 millièmes.	Portées.	Dents.	Fractions.	Nombre de dents en tout le peigne.		Nombre de dents à 27 millimètres, 272 millièmes.	Portées.	Dents.	Fractions.	Nombre de dents en tout le peigne.	
72	36	12		1452		98	49	16	1/3	1976	1/3
73	36	32	1/6	1472	1/6	99	49	36	1/2	1996	1/2
74	37	12	1/3	1492	1/3	100	50	16	2/3	2016	2/3
75	37	32	1/2	1512	1/2	101	50	36	5/6	2036	5/6
76	38	12	2/3	1532	2/3	102	51	17		2057	
77	38	32	5/6	1552	5/6	103	51	37	1/6	2077	1/6
78	39	13		1573		104	52	17	1/3	2097	1/3
79	39	33	1/6	1593	1/6	105	52	37	1/2	2117	1/2
80	40	13	1/3	1613	1/3	106	53	17	2/3	2137	2/3
81	40	33	1/2	1633	1/2	107	53	37	5/6	2157	5/6
82	41	13	2/3	1643	2/3	108	54	18		2178	
83	41	33	5/6	1673	5/6	109	54	38	1/6	2198	1/6
84	42	14		1694		110	55	18	1/3	2218	1/3
85	42	34	1/6	1714	1/6	111	55	38	1/2	2238	1/2
86	43	14	1/3	1734	1/3	112	56	18	2/3	2258	2/3
87	43	34	1/2	1754	1/2	113	56	38	5/6	2278	5/6
88	44	14	2/3	1774	2/3	114	57	19		2299	
89	44	34	5/6	1794	5/6	115	57	39	1/6	2319	1/6
90	45	15		1815		116	58	19	1/3	2339	1/3
91	45	35	1/6	1835	1/6	117	58	39	1/2	2359	1/2
92	46	15	1/3	1855	1/3	118	59	19	2/3	2379	2/3
93	46	35	1/2	1875	1/2	119	59	39	5/6	2399	5/6
94	47	15	2/3	1895	2/3	120	60	20		2420	
95	47	35	5/6	1915	5/6						
96	48	16		1936							
97	48	36	1/6	1956	1/6						

57 centimètres 1/2.

Nombre de dents à 27 millimètres, 272 millièmes.	Portées.	Dents.	Fractions.	Nombre de dents en tout le peigne.	
20	10	21	2/3	424	2/5
21	11	2	3/4	442	3/4
22	11	23	5/6	465	5/6
23	12	4	11/12	484	11/12
24	12	26		506	
25	13	7	1/12	527	1/12
26	13	28	1/6	548	1/6
27	14	9	1/4	569	1/4
28	14	30	1/3	590	1/3
29	15	11	5/12	611	5/12
30	15	32	1/2	632	1/2
31	16	13	7/12	653	7/12
32	16	34	2/3	674	2/3
33	17	15	3/4	695	3/4
34	17	36	5/6	716	5/6
35	18	17	11/12	737	11/12
36	18	39		759	
37	19	20	1/12	780	1/12
38	20	1	1/6	801	1/6
39	20	22	1/4	822	1/4
40	21	3	1/3	843	1/3
41	21	24	5/12	864	5/12
42	22	5	1/2	885	1/2
43	22	26	7/12	906	7/12
44	23	7	2/3	927	2/3
45	23	28	3/4	948	3/4

Nombre de dents à 27 millimètres, 272 millièmes.	Portées.	Dents.	Fractions.	Nombre de dents en tout le peigne.	
46	24	9	5/6	969	5/6
47	24	30	11/12	990	11/12
48	25	12		1012	
49	25	33	1/12	1033	1/12
50	26	14	1/6	1054	1/6
51	26	35	1/4	1075	1/4
52	27	16	1/3	1096	1/3
53	27	37	5/12	1117	5/12
54	28	18	1/2	1138	1/2
55	28	39	7/12	1159	7/12
56	29	20	2/3	1180	2/3
57	30	1	3/4	1201	3/4
58	30	22	5/6	1222	5/6
59	31	3	11/12	1243	11/12
60	31	25		1265	
61	32	6	1/12	1286	1/12
62	32	27	1/6	1307	1/6
63	33	8	1/4	1328	1/4
64	33	29	1/3	1349	1/3
65	34	10	5/12	1370	5/12
66	34	31	1/2	1391	1/2
67	35	12	7/12	1412	7/12
68	35	33	2/3	1433	2/3
69	36	14	3/4	1454	3/4
70	36	35	5/6	1475	5/6
71	37	16	11/12	1496	11/12

57 centimètres 1/2.

Nombre de dents à 27 millimètres, 272 millièmes.	Portées.	Dents.	Fractions.	Nombre de dents en tout le peigne.	
72	37	38		1518	
73	38	19	1/12	1539	1/12
74	39		1/6	1560	1/6
75	39	21	1/4	1581	1/4
76	40	2	1/3	1602	1/3
77	40	23	5/12	1623	5/12
78	41	4	1/2	1644	1/2
79	41	25	7/12	1665	7/12
80	42	6	2/3	1686	2/3
81	42	27	3/4	1707	3/4
82	43	8	5/6	1728	5/6
83	43	29	11/12	1749	11/12
84	44	11		1771	
85	44	32	1/12	1792	1/12
86	45	13	1/6	1813	1/6
87	45	34	1/4	1834	1/4
88	46	15	1/3	1855	1/3
89	46	36	5/12	1876	5/12
90	47	17	1/2	1897	1/2
91	47	38	7/12	1918	7/12
92	48	19	2/3	1939	2/3
93	49		3/4	1960	3/4
94	49	21	5/6	1981	5/6
95	50	2	11/12	2002	11/12
96	50	24		2024	
97	51	5	1/12	2045	1/12
98	51	26	1/6	2066	1/6
99	52	7	1/4	2087	1/4
100	52	28	1/3	2108	1/3
101	53	9	5/12	2129	5/12
102	53	30	1/2	2150	1/2
103	54	11	7/12	2171	7/12
104	54	32	2/3	2192	2/3
105	55	13	3/4	2213	3/4
106	55	34	5/6	2234	5/6
107	56	15	11/12	2255	11/12
108	56	37		2277	
109	57	18	1/12	2298	1/12
110	57	39	1/6	2319	1/6
111	58	20	1/4	2340	1/4
112	59	1	1/3	2361	1/3
113	59	22	5/12	2382	5/12
114	60	3	1/2	2403	1/2
115	60	24	7/12	2424	7/12
116	61	5	2/3	2445	2/3
117	61	26	3/4	2466	3/4
118	62	7	5/6	2487	5/6
119	62	28	11/12	2508	11/12
120	63	9		2529	

1/2 60 centimètres.

Nombre de dents à 27 millimètres, 272 millièmes.	Portées.	Dents.	Fractions.	Nombre de dents en tout le peigne.
20	11			440
21	11	22		462
22	12	4		484
23	12	26		506
24	13	8		528
25	13	30		550
26	14	12		572
27	14	34		594
28	15	16		616
29	15	38		638
30	16	20		660
31	17	2		682
32	17	24		704
33	18	6		726
34	18	28		748
35	19	10		770
36	19	32		792
37	20	14		814
38	20	36		836
39	21	18		858
40	22			880
41	22	22		902
42	23	4		924
43	23	26		946
44	24	8		968
45	24	30		990

Nombre de dents à 27 millimètres, 272 millièmes.	Portées.	Dents.	Fractions.	Nombre de dents en tout le peigne.
46	25	12		1012
47	25	34		1034
48	26	16		1056
49	26	38		1078
50	27	20		1100
51	28	2		1122
52	28	24		1144
53	29	6		1166
54	29	28		1188
55	30	10		1210
56	30	32		1232
57	31	14		1254
58	31	36		1276
59	32	18		1298
60	33			1320
61	33	22		1342
62	34	4		1364
63	34	26		1386
64	35	8		1408
65	35	30		1430
66	36	12		1452
67	36	34		1474
68	37	16		1496
69	37	38		1518
70	38	20		1540
71	39	2		1562

1/2. — 60 centimètres.

Nombre de dents à 27 millimètres, 272 millièmes.	Portées.	Dents.	Fractions.	Nombre de dents en tout le peigne.	Nombre de dents à 27 millimètres, 272 millièmes.	Portées.	Dents.	Fractions.	Nombre de dents en tout le peigne.
72	39	24		1584	98	53	36		2156
73	40	6		1606	99	54	18		2178
74	40	28		1628	100	55			2200
75	41	10		1650	101	55	22		2222
76	41	32		1672	102	56	4		2244
77	42	14		1694	103	56	26		2266
78	42	36		1716	104	57	8		2288
79	43	18		1738	105	57	30		2310
80	44			1760	106	58	12		2332
81	44	22		1782	107	58	34		2354
82	45	4		1804	108	59	16		2376
83	45	26		1826	109	59	38		2398
84	46	8		1848	110	60	20		2420
85	46	30		1870	111	61	2		2442
86	47	12		1892	112	61	24		2464
87	47	34		1914	113	62	6		2486
88	48	16		1936	114	62	28		2508
89	48	38		1958	115	63	10		2530
90	49	20		1980	116	63	32		2552
91	50	2		2002	117	64	14		2574
92	50	24		2024	118	64	36		2596
93	51	6		2046	119	65	18		2618
94	51	28		2068	120	66			2640
95	52	10		2090					
96	52	32		2112					
97	53	14		2134					

13/24 65 centimètres.

Nombre de dents à 27 millimètres 272 millièmes.	Portées.	Dents.	Fractions.	Nombre de dents en tout le peigne.		Nombre de dents à 27 millimètres 272 millièmes.	Portées.	Dents.	Fractions.	Nombre de dents en tout le peigne.	
20	11	36	2/3	476	2/3	46	27	16	1/3	1096	1/3
21	12	20	1/2	500	1/2	47	28	0	1/6	1120	1/6
22	13	4	1/3	524	1/3	48	28	24		1144	
23	13	28	1/6	548	1/6	49	29	7	5/6	1167	5/6
24	14	12		572		50	29	31	2/3	1191	2/3
25	14	35	5/6	595	5/6	51	30	15	1/2	1215	1/2
26	15	19	2/3	619	2/3	52	30	39	1/3	1239	1/3
27	16	3	1/2	643	1/2	53	31	23	1/6	1263	1/6
28	16	27	1/3	667	1/3	54	32	7		1287	
29	17	11	1/6	691	1/6	55	32	30	5/6	1310	5/6
30	17	35		715		56	33	14	2/3	1334	2/3
31	18	18	5/6	738	5/6	57	33	38	1/2	1358	1/2
32	19	2	2/3	762	2/3	58	34	22	1/3	1382	1/3
33	19	26	1/2	786	1/2	59	35	6	1/6	1406	1/6
34	20	10	1/3	810	1/3	60	35	30		1430	
35	20	34	1/6	834	1/6	61	36	13	5/6	1453	5/6
36	21	18		858		62	36	37	2/3	1477	2/3
37	22	1	5/6	881	5/6	63	37	21	1/2	1501	1/2
38	22	25	2/3	905	2/3	64	38	5	1/3	1525	1/3
39	23	9	1/2	929	1/2	65	38	29	1/6	1549	1/6
40	23	33	1/3	953	1/3	66	39	13		1573	
41	24	17	1/6	977	1/6	67	39	36	5/6	1596	5/6
42	25	1		1001		68	40	20	2/3	1620	2/3
43	25	24	5/6	1024	5/6	69	41	4	1/2	1644	1/2
44	26	8	2/3	1048	2/3	70	41	28	1/3	1668	1/3
45	26	32	1/2	1072	1/2	71	42	12	1/6	1692	1/6

13/24 65 Centimètres.

Nombre de dents à 27 millimètres, 272 millièmes.	Portées.	Dents.	Fractions.	Nombre de dents en tout le peigne.		Nombre de dents à 27 millimètres, 272 millièmes.	Portées.	Dents.	Fractions.	Nombre de dents en tout le peigne.	
72	42	36		1716		98	58	15	2/3	2335	2/3
73	43	19	5/6	1739	5/6	99	58	39	1/2	2359	1/2
74	44	3	2/3	1763	2/3	100	59	23	1/3	2383	1/3
75	44	27	1/2	1787	1/2	101	60	7	1/6	2407	1/6
76	45	11	1/3	1811	1/3	102	60	31		2431	
77	45	35	1/6	1835	1/6	103	61	14	5/6	2454	5/6
78	46	19		1859		104	61	38	2/3	2478	2/3
79	47	2	5/6	1882	5/6	105	62	22	1/2	2502	1/2
80	47	26	2/3	1906	2/3	106	63	6	1/3	2526	1/3
81	48	10	1/2	1930	1/2	107	63	30	1/6	2550	1/6
82	48	34	1/3	1954	1/3	108	64	14		2574	
83	49	18	1/6	1978	1/6	109	64	37	5/6	2597	5/6
84	50	2		2002		110	65	21	2/3	2621	2/3
85	50	25	5/6	2025	5/6	111	66	5	1/2	2645	1/2
86	51	9	2/3	2049	2/3	112	66	29	1/3	2669	1/3
87	51	35	1/2	2075	1/2	113	67	13	1/6	2693	1/6
88	52	17	1/3	2097	1/3	114	67	37		2717	
89	53	4	1/6	2124	1/6	115	68	20	5/6	2740	5/6
90	53	25		2145		116	69	4	2/3	2764	2/3
91	54	8	5/6	2168	5/6	117	69	28	1/2	2788	1/2
92	54	32	2/3	2192	2/3	118	70	12	1/3	2812	1/3
93	55	16	1/2	2216	1/2	119	70	36	1/6	2836	1/6
94	56		1/3	2240	1/3	120	71	20		2860	
95	56	24	1/6	2264	1/6						
96	57	8		2288							
97	57	31	5/6	2311	5/6						

70 centimètres.

Nombre de dents à 27 millimètres, 272 millièmes.	Portées.	Dents.	Fractions.	Nombre de dents en tout le peigne.		Nombre de dents à 27 millimètres, 272 millièmes.	Portées.	Dents.	Fractions.	Nombre de dents en tout le peigne.	
20	12	33	1/3	513	1/3	46	29	20	2/3	1180	2/3
21	13	19		539		47	30	6	1/3	1206	1/3
22	14	4	2/3	564	2/3	48	30	32		1232	
23	14	30	1/3	590	1/3	49	31	17	2/3	1257	2/3
24	15	16		616		50	32	3	1/3	1283	1/3
25	16	1	2/3	641	2/3	51	32	29		1309	
26	16	27	1/3	667	1/3	52	33	14	2/3	1334	2/3
27	17	13		693		53	34		1/3	1360	1/3
28	17	38	2/3	718	2/3	54	34	26		1386	
29	18	24	1/3	744	1/3	55	35	11	2/3	1411	2/3
30	19	10		770		56	35	37	1/3	1437	1/3
31	19	35	2/3	795	2/3	57	36	23		1463	
32	20	21	1/3	821	1/3	58	37	8	2/3	1488	2/3
33	21	7		847		59	37	34	1/3	1514	1/3
34	21	32	2/3	872	2/3	60	38	20		1540	
35	22	18	1/3	898	1/3	61	39	5	2/3	1565	2/3
36	23	4		924		62	39	31	1/3	1591	1/3
37	23	29	2/3	949	2/3	63	40	17		1617	
38	24	15	1/3	975	1/3	64	41	2	2/3	1642	2/3
39	25	1		1001		65	41	28	1/3	1668	1/3
40	25	26	2/3	1026	2/3	66	42	14		1694	
41	26	12	1/3	1052	1/3	67	42	39	2/3	1719	2/3
42	26	38		1078		68	43	25	1/3	1745	1/3
43	27	23	2/3	1103	2/3	69	44	11		1771	
44	28	9	1/3	1129	1/3	70	44	36	2/3	1796	2/3
45	28	35		1155		71	45	22	1/3	1822	1/3

7/12. 70 centimètres.

Nombre de dents à 27 millimètres, 272 millièmes.	Portées.	Dents.	Fractions.	Nombre de dents en tout le peigne.	
72	46	8		1848	
73	46	33	2/3	1873	2/3
74	47	19	1/3	1899	1/3
75	48	5		1925	
76	48	30	2/3	1950	2/3
77	49	16	1/3	1976	1/3
78	50	2		2002	
79	50	27	2/3	2027	2/3
80	51	13	1/3	2053	1/3
81	51	39		2079	
82	52	24	2/3	2104	2/3
83	53	10	1/3	2130	1/3
84	53	36		2156	
85	54	21	2/3	2181	2/3
86	55	7	1/3	2207	1/3
87	55	33		2233	
88	56	18	2/3	2258	2/3
89	57	4	1/3	2284	1/3
90	57	30		2310	
91	58	15	2/3	2335	2/3
92	59	1	1/3	2361	1/3
93	59	27		2387	
94	60	12	2/3	2412	2/3
95	60	38	1/3	2438	1/3
96	61	24		2464	
97	62	9	2/3	2489	2/3
98	62	35	1/3	2515	1/3
99	63	21		2541	
100	64	6	2/3	2566	2/3
101	64	32	1/3	2592	1/3
102	65	18		2618	
103	66	3	2/3	2643	2/3
104	66	29	1/3	2669	1/3
105	67	15		2695	
106	68		2/3	2720	2/3
107	68	26	1/3	2746	1/3
108	69	12		2772	
109	69	37	2/3	2797	2/3
110	70	23	1/3	2823	1/3
111	71	9		2849	
112	71	34	2/3	2874	2/3
113	72	20	1/3	2900	1/3
114	73	6		2926	
115	73	31	2/3	2951	2/3
116	74	17	1/3	2977	1/3
117	75	3		3003	
118	75	28	2/3	3028	2/3
119	76	14	1/3	3054	1/3
120	77			3080	

75 centimètres.

Nombre de dents à 27 millimètres, 272 millièmes.	Portées.	Dents.	Fractions.	Nombre de dents en tout le peigne.		Nombre de dents à 27 millimètres, 272 millièmes.	Portées.	Dents.	Fractions.	Nombre de dents en tout le peigne.	
20	13	30		550		46	31	25		1265	
21	14	17	1/2	577	1/2	47	32	12	1/2	1292	1/2
22	15	5		605		48	33			1320	
23	15	32	1/2	632	1/2	49	33	27	1/2	1347	1/2
24	16	20		660		50	34	15		1375	
25	17	7	1/2	687	1/2	51	35	2	1/2	1402	1/2
26	17	35		715		52	35	30		1430	
27	18	22	1/2	742	1/2	53	36	17	1/2	1457	1/2
28	19	10		770		54	37	5		1485	
29	19	37	1/2	797	1/2	55	37	32	1/2	1512	1/2
30	20	25		825		56	38	20		1540	
31	21	12	1/2	852	1/2	57	39	7	1/2	1567	1/2
32	22			880		58	39	35		1595	
33	22	27	1/2	907	1/2	59	40	22	1/2	1622	1/2
34	23	15		935		60	41	10		1650	
35	24	2	1/2	962	1/2	61	41	37	1/2	1677	1/2
36	24	30		990		62	42	25		1705	
37	25	17	1/2	1017	1/2	63	43	12	1/2	1732	1/2
38	26	5		1045		64	44			1760	
39	26	32	1/2	1072	1/2	65	44	27	1/2	1787	1/2
40	27	20		1100		66	45	15		1815	
41	28	7	1/2	1127	1/2	67	46	2	1/2	1842	1/2
42	28	35		1155		68	46	30		1870	
43	29	22	1/2	1182	1/2	69	47	17	1/2	1897	1/2
44	30	10		1210		70	48	5		1925	
45	30	37	1/2	1237	1/2	71	48	32	1/2	1952	1/2

27 centimètres.

Nombre de dents à 27 millimètres, 272 millièmes.	Portées.	Dents.	Fractions.	Nombre de dents en tout le peigne.		Nombre de dents à 27 millimètres, 272 millièmes.	Portées.	Dents.	Fractions.	Nombre de dents en tout le peigne.	
72	49	20		1980		98	67	15		2695	
73	50	7	1/2	2007	1/2	99	68	2	1/2	2722	1/2
74	50	35		2035		100	68	30		2750	
75	51	22	1/2	2062	1/2	101	69	17	1/2	2777	1/2
76	52	10		2090		102	70	5		2805	
77	52	37	1/2	2117	1/2	103	70	32	1/2	2832	1/2
78	53	25		2145		104	71	20		2860	
79	54	12	1/2	2172	1/2	105	72	7	1/2	2887	1/2
80	55			2200		106	72	35		2915	
81	55	27	1/2	2227	1/2	107	73	22	1/2	2942	1/2
82	56	15		2255		108	74	10		2970	
83	57	2	1/2	2282	1/2	109	74	37	1/2	2997	1/2
84	57	30		2310		110	75	25		3025	
85	58	17	1/2	2337	1/2	111	76	12	1/2	3052	1/2
86	59	5		2365		112	77			3080	
87	59	32	1/2	2392	1/2	113	77	27	1/2	3107	1/2
88	60	20		2420		114	78	15		3135	
89	61	7	1/2	2447	1/2	115	79	2	1/2	3162	1/2
90	61	35		2475		116	79	30		3190	
91	62	22	1/2	2502	1/2	117	80	17	1/2	3217	1/2
92	63	10		2530		118	81	5		3245	
93	63	37	1/2	2557	1/2	119	81	32	1/2	3272	1/2
94	64	25		2585		120	82	20		3300	
95	65	12	1/2	2612	1/2						
96	66			2640							
97	66	27	1/2	2667	1/2						

2/3. — 80 centimètres.

Nombre de dents à 27 millimètres, 272 millièmes.	Portées.	Dents.	Fractions.	Nombre de dents en tout le peigne.		Nombre de dents à 27 millimètres, 272 millièmes.	Portées.	Dents.	Fractions.	Nombre de dents en tout le peigne.	
20	14	26	2/3	586	2/3	46	33	29	1/3	1349	1/3
21	15	16		616		47	34	18	2/3	1378	2/3
22	16	5	1/3	645	1/3	48	35	8		1408	
23	16	34	2/3	674	2/3	49	35	37	1/3	1437	1/3
24	17	24		704		50	36	26	2/3	1466	2/3
25	18	13	1/3	733	1/3	51	37	16		1496	
26	19	2	2/3	762	2/3	52	38	5	1/3	1525	1/3
27	19	32		792		53	38	34	2/3	1554	2/3
28	20	21	1/3	821	1/3	54	39	24		1584	
29	21	10	2/3	850	2/3	55	40	13	1/3	1613	1/3
30	22			880		56	41	2	2/3	1642	2/3
31	22	29	1/3	909	1/3	57	41	32		1672	
32	23	18	2/3	938	2/3	58	42	21	1/3	1701	1/3
33	24	8		968		59	43	10	2/3	1730	2/3
34	24	37	1/3	997	1/3	60	44			1760	
35	25	26	2/3	1026	2/3	61	44	29	1/3	1789	1/3
36	26	16		1056		62	45	18	2/3	1818	2/3
37	27	5	1/3	1085	1/3	63	46	8		1848	
38	27	34	2/3	1114	2/3	64	46	37	1/3	1877	1/3
39	28	24		1144		65	47	26	2/3	1906	2/3
40	29	13	1/3	1173	1/3	66	48	16		1936	
41	30	2	2/3	1202	2/3	67	49	5	1/3	1965	1/3
42	30	32		1232		68	49	34	2/3	1994	2/3
43	31	21	1/3	1261	1/3	69	50	24		2024	
44	32	10	2/3	1290	2/3	70	51	13	1/3	2053	1/3
45	33			1320		71	52	2	2/3	2082	2/3

2/3. 80 centimètres.

Nombre de dents à 27 millimètres, 272 millièmes.	Portées.	Dents.	Fractions.	Nombre de dents en tout le peigne.		Nombre de dents à 27 millimètres, 272 millièmes.	Portées.	Dents.	Fractions.	Nombre de dents en tout le peigne.	
72	52	32		2112		98	71	34	2/3	2874	2/3
73	53	24	1/3	2141	1/3	99	72	24		2904	
74	54	10	2/3	2170	2/3	100	73	13	1/3	2933	1/3
75	55			2200		101	74	2	2/3	2962	2/3
76	55	29	1/3	2229	1/3	102	74	32		2992	
77	56	18	2/3	2258	2/3	103	75	21	1/3	3021	1/3
78	57	8		2288		104	76	10	2/3	3050	2/3
79	57	37	1/3	2317	1/3	105	77			3080	
80	58	26	2/3	2346	2/3	106	77	29	1/3	3109	1/3
81	59	16		2376		107	78	18	2/3	3138	2/3
82	60	5	1/3	2405	1/3	108	79	8		3168	
83	60	34	2/3	2434	2/3	109	79	37	1/3	3197	1/3
84	61	24		2464		110	80	26	2/3	3226	2/3
85	62	13	1/3	2493	1/3	111	81	16		3256	
86	63	2	2/3	2522	2/3	112	82	5	1/3	3285	1/3
87	63	32		2552		113	82	34	2/3	3314	2/3
88	64	21	1/3	2581	1/3	114	83	24		3344	
89	65	10	2/3	2610	2/3	115	84	13	1/3	3373	1/3
90	66			2640		116	85	2	2/3	3402	2/3
91	66	29	1/3	2669	1/3	117	85	32		3432	
92	67	18	2/3	2698	2/3	118	86	21	1/3	3461	1/3
93	68	8		2728		119	87	10	2/3	3490	2/3
94	68	37	1/3	2757	1/3	120	88			3520	
95	69	26	2/3	2786	2/3						
96	70	16		2816							
97	71	5	1/3	2845	1/3						

17/24. 85 centimètres.

Nombre de dents à 27 millimètres 272 millièmes	Portées.	Dents.	Fractions.	Nombre de dents en tout le peigne.		Nombre de dents à 27 millimètres 272 millièmes	Portées.	Dents.	Fractions.	Nombre de dents en tout le peigne.	
				Dents.						Dents.	
20	15	23	1/3	623	1/3	46	35	33	2/3	1433	2/3
21	16	14	1/2	654	1/2	47	36	24	5/6	1464	5/6
22	17	5	2/3	685	2/3	48	37	16		1496	
23	17	36	5/6	740	5/6	49	38	7	1/6	1527	1/6
24	18	28		748		50	38	38	1/3	1558	1/3
25	19	19	1/6	779	1/6	51	39	29	1/2	1589	1/2
26	20	10	1/3	810	1/3	52	40	20	2/3	1620	2/3
27	21	1	1/2	841	1/2	53	41	11	5/6	1651	5/6
28	21	32	2/3	872	2/3	54	42	3		1683	
29	22	23	5/6	903	5/6	55	42	34	1/6	1714	1/6
30	23	15		935		56	43	25	1/3	1745	1/3
31	24	6	1/6	966	1/6	57	44	16	1/2	1776	1/2
32	24	37	1/3	997	1/3	58	45	7	2/3	1807	2/3
33	25	28	1/2	1028	1/2	59	45	38	5/6	1838	5/6
34	26	19	2/3	1059	2/3	60	46	30		1870	
35	27	10	5/6	1090	5/6	61	47	21	1/6	1901	1/6
36	28	2		1122		62	48	12	1/3	1932	1/3
37	28	33	1/6	1153	1/6	63	49	3	1/2	1963	1/2
38	29	24	1/3	1184	1/3	64	49	34	2/3	1994	2/3
39	30	15	1/2	1215	1/2	65	50	25	5/6	2025	5/6
40	31	6	2/3	1246	2/3	66	51	17		2057	
41	31	37	5/6	1277	5/6	67	52	8	1/6	2088	1/6
42	32	29		1309		68	52	39	1/3	2119	1/3
43	33	20	1/6	1340	1/6	69	53	30	1/2	2150	1/2
44	34	11	1/3	1371	1/3	70	54	21	2/3	2181	2/3
45	35	2	1/2	1402	1/2	71	55	12	5/6	2212	5/6

17/24. — 85 centimètres.

Nombre de dents à 27 millimètres, 272 millièmes.	Portées.	Dents.	Fractions.	Nombre de dents en tout le peigne.		Nombre de dents à 27 millimètres, 272 millièmes.	Portées.	Dents.	Fractions.	Nombre de dents en tout le peigne.	
72	56	4		2244		98	76	14	1/3	3054	1/3
73	56	35	1/6	2275	1/6	99	77	5	1/2	3085	1/2
74	57	26	1/3	2306	1/3	100	77	36	2/3	3116	2/3
75	58	17	1/2	2337	1/2	101	78	27	5/6	3147	5/6
76	59	8	2/3	2368	2/3	102	79	19		3179	
77	59	39	5/6	2399	5/6	103	80	10	1/6	3210	1/6
78	60	31		2431		104	81	1	1/3	3241	1/3
79	61	22	1/6	2462	1/6	105	81	32	1/2	3272	1/2
80	62	13	1/3	2493	1/3	106	82	23	2/3	3303	2/3
81	63	4	1/2	2524	1/2	107	83	14	5/6	3334	5/6
82	63	35	2/3	2555	2/3	108	84	6		3366	
83	64	26	5/6	2586	5/6	109	84	37	1/6	3397	1/6
84	65	18		2618		110	85	28	1/3	3428	1/3
85	66	9	1/6	2649	1/6	111	86	19	1/2	3459	1/2
86	67	1	1/3	2680	1/3	112	87	10	2/3	3490	2/3
87	67	31	1/2	2711	1/2	113	88	1	5/6	3521	5/6
88	68	22	2/3	2742	2/3	114	88	33		3553	
89	69	13	5/6	2773	5/6	115	89	24	1/6	3584	1/6
90	70	5		2805		116	90	15	1/3	3615	1/3
91	70	36	1/6	2836	1/6	117	91	6	1/2	3646	1/2
92	71	27	1/3	2867	1/3	118	91	37	2/3	3677	2/3
93	72	18	1/2	2898	1/2	119	92	28	5/6	3708	5/6
94	73	9	2/3	2929	2/3	120	93	20		3740	
95	74	[illegible]	5/6	2960	5/6						
96	74	32		2992							
97	75	23	1/6	3023	1/6						

3/4. — 90 centimètres.

Nombre de dents à 27 millimètres, 272 millièmes.	Portées.	Dents.	Fractions.	Nombre de dents en tout le peigne.	Nombre de dents à 27 millimètres, 272 millièmes.	Portées.	Dents.	Fractions.	Nombre de dents en tout le peigne.
20	16	20		660	46	37	38		1518
21	17	13		693	47	38	31		1551
22	18	6		726	48	39	24		1584
23	18	39		759	49	40	17		1617
24	19	32		792	50	41	10		1650
25	20	25		825	51	42	3		1683
26	21	18		858	52	42	36		1716
27	22	11		891	53	43	29		1749
28	23	4		924	54	44	22		1782
29	23	37		957	55	45	15		1815
30	24	30		990	56	46	8		1848
31	25	23		1023	57	47	1		1881
32	26	16		1056	58	47	34		1914
33	27	9		1089	59	48	27		1947
34	28	2		1122	60	49	20		1980
35	28	35		1155	61	50	13		2013
36	29	28		1188	62	51	6		2046
37	30	21		1221	63	51	39		2079
38	31	14		1254	64	52	32		2112
39	32	7		1287	65	53	25		2145
40	33			1320	66	54	18		2178
41	33	33		1353	67	55	11		2211
42	34	26		1386	68	56	4		2244
43	35	19		1419	69	56	37		2277
44	36	12		1452	70	57	30		2310
45	37	5		1485	71	58	23		2343

3/4. — 90 centimètres.

Nombre de dents à 27 millimètres, 272 millièmes.	Portées.	Dents.	Fractions.	Nombre de dents en tout le peigne.	Nombre de dents à 27 millimètres, 272 millièmes.	Portées.	Dents.	Fractions.	Nombre de dents en tout le peigne.
72	59	16		2376	98	80	34		3234
73	60	9		2409	99	81	27		3267
74	61	2		2442	100	82	20		3300
75	61	35		2475	101	83	13		3333
76	62	28		2508	102	84	6		3366
77	63	21		2541	103	84	39		3399
78	64	14		2574	104	85	32		3432
79	65	7		2607	105	86	25		3465
80	66			2640	106	87	18		3498
81	66	33		2673	107	88	11		3531
82	67	26		2706	108	89	4		3564
83	68	19		2739	109	89	37		3597
84	69	12		2772	110	90	30		3630
85	70	5		2805	111	91	23		3663
86	70	38		2838	112	92	16		3696
87	71	31		2871	113	93	9		3729
88	72	24		2904	114	94	2		3762
89	73	17		2937	115	94	35		3795
90	74	10		2970	116	95	28		3828
91	75	3		3003	117	96	21		3861
92	75	36		3036	118	97	14		3894
93	76	29		3069	119	98	7		3927
94	77	22		3102	120	99			3960
95	78	15		3135					
96	79	8		3168					
97	80	1		3201					

19/24 [illegible] 95 centimètres.

Nombre de dents à 27 millimètres, 272 millièmes.	Portées.	Dents.	Fractions.	Nombre de dents en tout le peigne.		Nombre de dents à 27 millimètres, 272 millièmes.	Portées.	Dents.	Fractions.	Nombre de dents en tout le peigne.	
20	17	16	2/3	696	2/3	46	40	2	1/3	1602	1/3
21	18	11	1/2	731	1/2	47	40	37	1/6	1637	1/6
22	19	6	1/3	766	1/3	48	41	32		1672	
23	20	1	1/6	801	1/6	49	42	26	5/6	1706	5/6
24	20	36		836		50	43	21	2/3	1741	2/3
25	21	30	5/6	870	5/6	51	44	16	1/2	1776	1/2
26	22	25	2/3	905	2/3	52	45	11	1/3	1811	1/3
27	23	20	1/2	940	1/2	53	46	6	1/6	1846	1/6
28	24	15	1/3	975	1/3	54	47	1		1881	
29	25	10	1/6	1010	1/6	55	47	35	5/6	1915	5/6
30	26	5		1045		56	48	30	2/3	1950	2/3
31	26	39	5/6	1079	5/6	57	49	25	1/2	1985	1/2
32	27	34	2/3	1114	2/3	58	50	20	1/3	2020	1/3
33	28	29	1/2	1149	1/2	59	51	15	1/6	2055	1/6
34	29	24	1/3	1184	1/3	60	52	10		2090	
35	30	19	1/6	1219	1/6	61	53	4	5/6	2124	5/6
36	31	14		1254		62	53	39	2/3	2159	2/3
37	32	8	5/6	1288	5/6	63	54	34	1/2	2194	1/2
38	33	3	2/3	1323	2/3	64	55	29	1/3	2229	1/3
39	33	38	1/2	1358	1/2	65	56	24	1/6	2264	1/6
40	34	33	1/3	1393	1/3	66	57	19		2299	
41	35	28	1/6	1428	1/6	67	58	13	5/6	2333	5/6
42	36	23		1463		68	59	8	2/3	2368	2/3
43	37	17	5/6	1497	5/6	69	60	3	1/2	2403	1/2
44	38	12	2/3	1532	2/3	70	60	38	1/3	2438	1/3
45	39	7	1/2	1567	1/2	71	61	33	1/6	2473	1/6

19/24. — 95 centimètres.

Nombre de dents à 27 millimètres, 272 millièmes.	Portées.	Dents.	Fractions.	Nombre de dents en tout le peigne.	
72	62	28		2508	
73	63	22	5/6	2542	5/6
74	64	17	2/3	2577	2/3
75	65	12	1/2	2612	1/2
76	66	7	1/3	2647	1/3
77	67	2	1/6	2682	1/6
78	67	37		2717	
79	68	31	5/6	2751	5/6
80	69	26	2/3	2786	2/3
81	70	21	1/2	2821	1/2
82	71	16	1/3	2856	1/3
83	72	11	1/6	2891	1/6
84	73	6		2926	
85	74		5/6	2960	5/6
86	74	35	2/3	2995	2/3
87	75	30	1/2	3030	1/2
88	76	25	1/3	3065	1/3
89	77	20	1/6	3100	1/6
90	78	15		3135	
91	79	9	5/6	3169	5/6
92	80	4	2/3	3204	2/3
93	80	39	1/2	3239	1/2
94	81	34	1/3	3274	1/3
95	82	29	1/6	3309	1/6
96	83	24		3344	
97	84	18	5/6	3378	5/6
98	85	13	2/3	3413	2/3
99	86	8	1/2	3448	1/2
100	87	3	1/3	3483	1/3
101	87	38	1/6	3518	1/6
102	88	33		3553	
103	89	27	5/6	3587	5/6
104	90	22	2/3	3622	2/3
105	91	17	1/2	3657	1/2
106	92	12	1/3	3692	1/3
107	93	7	1/6	3727	1/6
108	94	2		3762	
109	94	36	5/6	3796	5/6
110	95	31	2/3	3831	2/3
111	96	26	1/2	3866	1/2
112	97	21	1/3	3901	1/3
113	98	16	1/6	3936	1/6
114	99	11		3971	
115	100	5	5/6	4005	5/6
116	101		2/3	4040	2/3
117	101	35	1/2	4075	1/2
118	102	30	1/3	4110	1/3
119	103	25	1/6	4145	1/6
120	104	20		4180	

5/6. — 1 mètre.

Nombre de dents, à 27 millimètres, 272 millièmes.	Portées.	Dents.	Fractions.	Nombre de dents en tout le peigne.		Nombre de dents, à 27 millimètres, 272 millièmes.	Portées.	Dents.	Fractions.	Nombre de dents en tout le peigne.	
20	18	13	1/3	733	1/3	46	42	6	2/3	1686	2/3
21	19	10		770		47	43	3	1/3	1723	1/3
22	20	6	2/3	806	2/3	48	44			1760	
23	21	3	1/3	843	1/3	49	44	36	2/3	1796	2/3
24	22			880		50	45	33	1/3	1833	1/3
25	22	36	2/3	916	2/3	51	46	30		1870	
26	23	33	1/3	953	1/3	52	47	26	2/3	1906	2/3
27	24	30		990		53	48	23	1/3	1943	1/3
28	25	26	2/3	1026	2/3	54	49	20		1980	
29	26	23	1/3	1063	1/3	55	50	16	2/3	2016	2/3
30	27	20		1100		56	51	13	1/3	2053	1/3
31	28	16	2/3	1136	2/3	57	52	10		2090	
32	29	13	1/3	1173	1/3	58	53	6	2/3	2126	2/3
33	30	10		1210		59	54	3	1/3	2163	1/3
34	31	6	2/3	1246	2/3	60	55			2200	
35	32	3	1/3	1283	1/3	61	55	36	2/3	2236	2/3
36	33			1320		62	56	33	1/3	2273	1/3
37	33	36	2/3	1356	2/3	63	57	30		2310	
38	34	33	1/3	1393	1/3	64	58	26	2/3	2346	2/3
39	35	30		1430		65	59	23	1/3	2383	1/3
40	36	26	2/3	1466	2/3	66	60	20		2420	
41	37	23	1/3	1503	1/3	67	61	16	2/3	2456	2/3
42	38	20		1540		68	62	13	1/3	2493	1/3
43	39	16	2/3	1576	2/3	69	63	10		2530	
44	40	13	1/3	1613	1/3	70	64	6	2/3	2566	2/3
45	41	10		1650		71	65	3	1/3	2603	1/3

5/6. — 1 mètre.

Nombre de dents à 27 millimètres, 272 millièmes.	Portées.	Dents.	Fractions.	Nombre de dents en tout le peigne.		Nombre de dents à 27 millimètres, 272 millièmes.	Portées.	Dents.	Fractions.	Nombre de dents en tout le peigne.	
72	66			2640		98	89	33	1/3	3593	1/3
73	66	36	2/3	2676	2/3	99	90	30		3630	
74	67	33	1/3	2713	1/3	100	91	26	2/3	3666	2/3
75	68	30		2750		101	92	23	1/3	3703	1/3
76	69	26	2/3	2786	2/3	102	93	20		3740	
77	70	23	1/3	2823	1/3	103	94	16	2/3	3776	2/3
78	71	20		2860		104	95	13	1/3	3813	1/3
79	72	16	2/3	2896	2/3	105	96	10		3850	
80	73	13	1/3	2933	1/3	106	97	6	2/3	3886	2/3
81	74	10		2970		107	98	3	1/3	3923	1/3
82	75	6	2/3	3006	2/3	108	99			3960	
83	76	3	1/3	3043	1/3	109	99	36	2/3	3996	2/3
84	77			3080		110	100	33	1/3	4033	1/3
85	77	36	2/3	3116	2/3	111	101	30		4070	
86	78	33	1/3	3153	1/3	112	102	26	2/3	4106	2/3
87	79	30		3190		113	103	23	1/3	4143	1/3
88	80	26	2/3	3226	2/3	114	104	20		4180	
89	81	23	1/3	3263	1/3	115	105	16	2/3	4216	2/3
90	82	20		3300		116	106	13	1/3	4253	1/3
91	83	16	2/3	3336	2/3	117	107	10		4290	
92	84	13	1/3	3373	1/3	118	108	6	2/3	4326	2/3
93	85	10		3410		119	109	3	1/3	4363	1/3
94	86	6	2/3	3446	2/3	120	110			4400	
95	87	3	1/3	3483	1/3						
96	88			3520							
97	88	36	2/3	3556	2/3						

7/8. — 1 mètre 5 centimètres.

Nombre de dents à 27 millimètres, 272 millièmes.	Portées.	Dents.	Fractions.	Nombre de dents en tout le peigne.		Nombre de dents à 27 millimètres, 272 millièmes.	Portées.	Dents.	Fractions.	Nombre de dents en tout le peigne.	
20	19	10		770		46	44	11		1771	
21	20	8	1/2	808	1/2	47	45	9	1/2	1809	1/2
22	21	7		847		48	46	8		1848	
23	22	5	1/2	885	1/2	49	47	6	1/2	1886	1/2
24	23	4		924		50	48	5		1925	
25	24	2	1/2	962	1/2	51	49	3	1/2	1963	1/2
26	25	1		1001		52	50	2		2002	
27	25	39	1/2	1039	1/2	53	51		1/2	2040	1/2
28	26	38		1078		54	51	39		2079	
29	27	36	1/2	1116	1/2	55	52	37	1/2	2117	1/2
30	28	35		1155		56	53	36		2156	
31	29	33	1/2	1193	1/2	57	54	34	1/2	2194	1/2
32	30	32		1232		58	55	33		2233	
33	31	30	1/2	1270	1/2	59	56	31	1/2	2271	1/2
34	32	29		1309		60	57	30		2310	
35	33	27	1/2	1347	1/2	61	58	28	1/2	2348	1/2
36	34	26		1386		62	59	27		2387	
37	35	24	1/2	1424	1/2	63	60	25	1/2	2425	1/2
38	36	23		1463		64	61	24		2464	
39	37	21	1/2	1501	1/2	65	62	22	1/2	2502	1/2
40	38	20		1540		66	63	21		2541	
41	39	18	1/2	1578	1/2	67	64	19	1/2	2579	1/2
42	40	17		1617		68	65	18		2618	
43	41	15	1/2	1655	1/2	69	66	16	1/2	2656	1/2
44	42	14		1694		70	67	15		2695	
45	43	12	1/2	1732	1/2	71	68	13	1/2	2733	1/2

7/8 — 1 mètre 5 centimètres.

Nombre de dents à 27 millimètres, 272 millièmes.	Portées.	Dents.	Fractions.	Nombre de dents en tout le peigne.		Nombre de dents à 27 millimètres, 272 millièmes.	Portées.	Dents.	Fractions.	Nombre de dents en tout le peigne.	
72	69	12		2772		98	94	13		3773	
73	70	10	1/2	2810	1/2	99	95	11	1/2	3811	1/2
74	71	9		2849		100	96	10		3850	
75	72	7	1/2	2887	1/2	101	97	8	1/2	3888	1/2
76	73	6		2926		102	98	7		3927	
77	74	4	1/2	2964	1/2	103	99	5	1/2	3965	1/2
78	75	3		3003		104	100	4		4004	
79	76	1	1/2	3041	1/2	105	101	2	1/2	4042	1/2
80	77			3080		106	102	1		4081	
81	77	38	1/2	3118	1/2	107	102	39	1/2	4119	1/2
82	78	37		3157		108	103	38		4158	
83	79	35	1/2	3195	1/2	109	104	36	1/2	4195	1/2
84	80	34		3234		110	105	35		4235	
85	81	32	1/2	3272	1/2	111	106	33	1/2	4273	1/2
86	82	31		3311		112	107	32		4312	
87	83	29	1/2	3349	1/2	113	108	30	1/2	4350	1/2
88	84	28		3388		114	109	29		4389	
89	85	26	1/2	3426	1/2	115	110	27	1/2	4427	1/2
90	86	25		3465		116	111	26		4466	
91	87	23	1/2	3503	1/2	117	112	24	1/2	4504	1/2
92	88	22		3542		118	113	23		4543	
93	89	20	1/2	3580	1/2	119	114	21	1/2	4581	1/2
94	90	19		3619		120	115	20		4620	
95	91	17	1/2	3657	1/2						
96	92	16		3696							
97	93	14	1/2	3734	1/2						

11/12. = 1 mètre 10 centimètres.

Nombre de dents, à 27 millimètres, 272 millièmes.	Portées.	Dents.	Fractions.	Nombre de dents en tout le peigne.		Nombre de dents, à 27 millimètres, 272 millièmes.	Portées.	Dents.	Fractions.	Nombre de dents en tout le peigne.	
20	20	6	2/3	806	2/3	46	46	15	1/3	1855	1/3
21	21	7		847		47	47	15	2/3	1895	2/3
22	22	7	1/3	887	1/3	48	48	16		1936	
23	23	7	2/3	927	2/3	49	49	16	1/3	1976	1/3
24	24	8		968		50	50	16	2/3	2016	2/3
25	25	8	1/3	1008	1/3	51	51	17		2057	
26	26	8	2/3	1048	2/3	52	52	17	1/3	2097	1/3
27	27	9		1089		53	53	17	2/3	2137	2/3
28	28	9	1/3	1129	1/3	54	54	18		2178	
29	29	9	2/3	1169	2/3	55	55	18	1/3	2218	1/3
30	30	10		1210		56	56	18	2/3	2258	2/3
31	31	10	1/3	1250	1/3	57	57	19		2299	
32	32	10	2/3	1290	2/3	58	58	19	1/3	2339	1/3
33	33	11		1331		59	59	19	2/3	2379	2/3
34	34	11	1/3	1371	1/3	60	60	20		2420	
35	35	11	2/3	1411	2/3	61	61	20	1/3	2460	1/3
36	36	12		1452		62	62	20	2/3	2500	2/3
37	37	12	1/3	1492	1/3	63	63	21		2541	
38	38	12	2/3	1532	2/3	64	64	21	1/3	2581	1/3
39	39	13		1573		65	65	21	2/3	2621	2/3
40	40	13	1/3	1613	1/3	66	66	22		2662	
41	41	13	2/3	1653	2/3	67	67	22	1/3	2702	1/3
42	42	14		1694		68	68	22	2/3	2742	2/3
43	43	14	1/3	1734	1/3	69	69	23		2783	
44	44	14	2/3	1774	2/3	70	70	23	1/3	2823	1/3
45	45	15		1815		71	71	23	2/3	2863	2/3

11/12. — 1 mètre 10 centimètres.

Nombre de dents à 27 millimètres, 272 millièmes.	Portées.	Dents.	Fractions.	Nombre de dents en tout le peigne.		Nombre de dents à 27 millimètres, 272 millièmes.	Portées.	Dents.	Fractions.	Nombre de dents en tout le peigne.	
72	72	24		2904		98	98	32	2/3	3952	2/3
73	73	24	1/3	2944	1/3	99	99	33		3993	
74	74	24	2/3	2984	2/3	100	100	33	1/3	4033	1/3
75	75	25		3025		101	101	33	2/3	4073	2/3
76	76	25	1/3	3065	1/3	102	102	34		4114	
77	77	25	2/3	3105	2/3	103	103	34	1/3	4154	1/3
78	78	26		3146		104	104	34	2/3	4194	2/3
79	79	26	1/3	3186	1/3	105	105	35		4235	
80	80	26	2/3	3226	2/3	106	106	35	1/3	4275	1/3
81	81	27		3267		107	107	35	2/3	4315	2/3
82	82	27	1/3	3307	1/3	108	108	36		4356	
83	83	27	2/3	3347	2/3	109	109	36	1/3	4396	1/3
84	84	28		3388		110	110	36	2/3	4436	2/3
85	85	28	1/3	3428	1/3	111	111	37		4477	
86	86	28	2/3	3468	2/3	112	112	37	1/3	4517	1/3
87	87	29		3509		113	113	37	2/3	4551	2/3
88	88	29	1/3	3549	1/3	114	114	38		4598	
89	89	29	2/3	3589	2/3	115	115	38	1/3	4638	1/3
90	90	30		3630		116	116	38	2/3	4678	2/3
91	91	30	1/3	3670	1/3	117	117	39		4749	
92	92	30	2/3	3710	2/3	118	118	39	1/3	4759	1/3
93	93	31		3751		119	119	39	2/3	4799	2/3
94	94	31	1/3	3791	1/3	120	121			4840	
95	95	31	2/3	3831	2/3						
96	96	32		3872							
97	97	32	1/3	3912	1/3						

15/16. — 1 mètre 12 centimètres 1/2.

Nombre de dents, à 27 millimètres, 272 millièmes.	Portées.	Dents.	Fractions.	Nombre de dents en tout le peigne.		Nombre de dents, à 27 millimètres, 272 millièmes.	Portées.	Dents.	Fractions.	Nombre de dents en tout le peigne.	
20	20	25		825		46	47	17	1/2	1897	1/2
21	21	26	1/4	866	1/4	47	48	18	3/4	1938	3/4
22	22	27	1/2	907	1/2	48	49	20		1980	
23	23	28	3/4	948	3/4	49	50	21	1/4	2021	1/4
24	24	30		990		50	51	22	1/2	2062	1/2
25	25	31	1/4	1031	1/4	51	52	23	3/4	2103	3/4
26	26	32	1/2	1072	1/2	52	53	25		2145	
27	27	33	3/4	1113	3/4	53	54	26	1/4	2186	1/4
28	28	35		1155		54	55	27	1/2	2227	1/2
29	29	36	1/4	1196	1/4	55	56	28	3/4	2268	3/4
30	30	37	1/2	1237	1/2	56	57	30		2310	
31	31	38	3/4	1278	3/4	57	58	31	1/4	2351	1/4
32	33			1320		58	59	32	1/2	2392	1/2
33	34	1	1/4	1361	1/4	59	60	33	3/4	2433	3/4
34	35	2	1/2	1402	1/2	60	61	35		2475	
35	36	3	3/4	1443	3/4	61	62	36	1/4	2516	1/4
36	37	5		1485		62	63	37	1/2	2557	1/2
37	38	6	1/4	1526	1/4	63	64	38	3/4	2598	3/4
38	39	7	1/2	1567	1/2	64	66			2640	
39	40	8	3/4	1608	3/4	65	67	1	1/4	2681	1/4
40	41	10		1650		66	68	2	1/2	2722	1/2
41	42	11	1/4	1691	1/4	67	69	3	3/4	2463	3/4
42	43	12	1/2	1732	1/2	68	70	5		2805	
43	44	13	3/4	1773	3/4	69	71	6	1/4	2846	1/4
44	45	15		1815		70	72	7	1/2	2887	1/2
45	46	16	1/4	1856	1/4	71	73	8	3/4	2928	3/4

15/16 — 1 mètre 12 centimètres 1/2.

Nombre de dents à 27 millimètres, 272 millièmes.	Portées.	Dents.	Fractions.	Nombre de dents en tout le peigne.	
72	74	10		2970	
73	75	11	1/4	3011	1/4
74	76	12	1/2	3052	1/2
75	77	13	3/4	3093	3/4
76	78	15		3135	
77	79	16	1/4	3176	1/4
78	80	17	1/2	3217	1/2
79	81	18	3/4	3258	3/4
80	82	20		3300	
81	83	21	1/4	3341	1/4
82	84	22	1/2	3382	1/2
83	85	23	3/4	3423	3/4
84	86	25		3465	
85	87	26	1/4	3506	1/4
86	88	27	1/2	3547	1/2
87	89	28	3/4	3588	3/4
88	90	30		3630	
89	91	31	1/4	3671	1/4
90	92	32	1/2	3712	1/2
91	93	33	3/4	3753	3/4
92	94	35		3795	
93	95	36	1/4	3836	1/4
94	96	37	1/2	3877	1/2
95	97	38	3/4	3918	3/4
96	99			3960	
97	100	1	1/4	4001	1/4
98	101	2	1/2	4042	1/2
99	102	3	3/4	4083	3/4
100	103	5		4125	
101	104	6	1/4	4166	1/4
102	105	7	1/2	4207	1/2
103	106	8	3/4	4248	3/4
104	107	10		4290	
105	108	11	1/4	4331	1/4
106	109	12	1/2	4372	1/2
107	110	13	3/4	4413	3/4
108	111	15		4455	
109	112	16	1/4	4496	1/4
110	113	17	1/2	4537	1/2
111	114	18	3/4	4578	3/4
112	115	20		4620	
113	116	21	1/4	4661	1/4
114	117	22	1/2	4702	1/2
115	118	23	3/4	4743	3/4
116	119	25		4785	
117	120	26	1/4	4826	1/4
118	121	27	1/2	4867	1/2
119	122	28	3/4	4908	3/4
120	123	30		4950	

23/24. — 1 mètre 15 centimètres.

Nombre de dents à 27 millimètres, 272 millièmes.	Portées.	Dents.	Fractions.	Nombre de dents en tout le peigne.		Nombre de dents à 27 millimètres, 272 millièmes.	Portées.	Dents.	Fractions.	Nombre de dents en tout le peigne.	
20	21	3	1/3	843	1/3	46	48	19	2/3	1939	2/3
21	22	5	1/2	885	1/2	47	49	21	5/6	1981	5/6
22	23	7	2/3	927	2/3	48	50	24		2024	
23	24	9	5/6	969	5/6	49	51	26	1/6	2066	1/6
24	25	12		1012		50	52	28	1/3	2108	1/3
25	26	14	1/6	1054	1/6	51	53	30	1/2	2150	1/2
26	27	16	1/3	1096	1/3	52	54	32	2/3	2192	2/3
27	28	18	1/2	1138	1/2	53	55	34	5/6	2234	5/6
28	29	20	2/3	1180	2/3	54	56	37		2277	
29	30	22	5/6	1222	5/6	55	57	39	1/6	2319	1/6
30	31	25		1265		56	59	1	1/3	2361	1/3
31	32	27	1/6	1307	1/6	57	60	3	1/2	2403	1/2
32	33	29	1/3	1349	1/3	58	61	5	2/3	2445	2/3
33	34	31	1/2	1391	1/2	59	62	7	5/6	2487	5/6
34	35	33	2/3	1433	2/3	60	63	10		2530	
35	36	35	5/6	1475	5/6	61	64	12	1/6	2572	1/6
36	37	38		1518		62	65	14	1/3	2614	1/3
37	39		1/6	1560	1/6	63	66	16	1/2	2656	1/2
38	40	2	1/3	1602	1/3	64	67	18	2/3	2698	2/3
39	41	4	1/2	1644	1/2	65	68	20	5/6	2740	5/6
40	42	6	2/3	1686	2/3	66	69	23		2783	
41	43	8	5/6	1728	5/6	67	70	25	1/6	2825	1/6
42	44	11		1771		68	71	27	1/3	2867	1/3
43	45	13	1/6	1813	1/6	69	72	29	1/2	2909	1/2
44	46	15	1/3	1855	1/3	70	73	31	2/3	2951	2/3
45	47	17	1/2	1897	1/2	71	74	33	5/6	2993	5/6

23/24. — 1 mètre 15 centimètres.

Nombre de dents à 27 millimètres, 272 millièmes.	Portées.	Dents.	Fractions.	Nombre de dents en tout le peigne.		Nombre de dents à 27 millimètres, 272 millièmes.	Portées.	Dents.	Fractions.	Nombre de dents en tout le peigne.	
72	75	36		3056		98	103	12	1/3	4132	1/3
73	76	38	1/6	3078	1/6	99	104	14	1/2	4174	1/2
74	78	[illegible]	1/3	3120	1/3	100	105	16	2/3	4216	2/3
75	79	2	1/2	3162	1/2	101	106	18	5/6	4258	5/6
76	80	4	2/3	3204	2/3	102	107	21		4301	
77	81	6	5/6	3246	5/6	103	108	23	1/6	4343	1/6
78	82	9		3289		104	109	25	1/3	4385	1/3
79	83	11	1/6	3331	1/6	105	110	27	1/2	4427	1/2
80	84	13	1/3	3373	1/3	106	111	29	2/3	4469	2/3
81	85	15	1/2	3415	1/2	107	112	31	5/6	4511	5/6
82	86	17	2/3	3457	2/3	108	113	34		4554	
83	87	19	5/6	3499	5/6	109	114	36	1/6	4596	1/6
84	88	22		3542		110	115	38	1/3	4638	1/3
85	89	24	1/6	3584	1/6	111	117	[illegible]	1/2	4680	1/2
86	90	26	1/3	3626	1/3	112	118	2	2/3	4722	2/3
87	91	28	1/2	3668	1/2	113	119	4	5/6	4764	5/6
88	92	30	2/3	3710	2/3	114	120	7		4807	
89	93	32	5/6	3752	5/6	115	121	9	1/6	4849	1/6
90	94	35		3795		116	122	11	1/3	4891	1/3
91	95	37	1/6	3837	1/6	117	123	13	1/2	4933	1/2
92	96	39	1/3	3879	1/3	118	124	15	2/3	4975	2/3
93	98	1	1/2	3921	1/2	119	125	17	5/6	5017	5/6
94	99	3	2/3	3963	2/3	120	126	20		5060	
95	100	5	5/6	4005	5/6						
96	101	8		4048							
97	102	10	1/6	4090	1/6						

1 mètre 20 centimètres.

Nombre de dents à 27 millimètres, 272 millièmes.	Portées.	Dents.	Fractions.	Nombre de dents en tout le peigne.	Nombre de dents à 27 millimètres, 272 millièmes.	Portées.	Dents.	Fractions.	Nombre de dents en tout le peigne.
20	22			880	46	50	24		2024
21	23	4		924	47	51	28		2068
22	24	8		968	48	52	32		2112
23	25	12		1012	49	53	36		2156
24	26	16		1056	50	55			2200
25	27	20		1100	51	56	4		2244
26	28	24		1144	52	57	8		2288
27	29	28		1188	53	58	12		2332
28	30	32		1232	54	59	16		2376
29	31	36		1276	55	60	20		2420
30	33			1320	56	61	24		2464
31	34	4		1364	57	62	28		2508
32	35	8		1408	58	63	32		2552
33	36	12		1452	59	64	36		2596
34	37	16		1496	60	66			2640
35	38	20		1540	61	67	4		2684
36	39	24		1584	62	68	8		2728
37	40	28		1628	63	69	12		2772
38	41	32		1672	64	70	16		2816
39	42	36		1716	65	71	20		2860
40	44			1760	66	72	24		2904
41	45	4		1804	67	73	28		2928
42	46	8		1848	68	74	32		2992
43	47	12		1892	69	75	36		3036
44	48	16		1936	70	77			3080
45	49	20		1980	71	78	4		3124

4/4 1 mètre 20 centimètres.

Nombre de dents à 27 millimètres, 272 millièmes.	Portées.	Dents.	Fractions.	Nombre de dents en tout le peigne.	Nombre de dents à 27 millimètres, 272 millièmes.	Portées.	Dents.	Fractions.	Nombre de dents en tout le peigne.
72	79	8		3168	98	107	32		4312
73	80	12		3212	99	108	36		4356
74	81	16		3256	100	110			4400
75	82	20		3300	101	111	4		4444
76	83	24		3344	102	112	8		4488
77	84	28		3388	103	113	12		4532
78	85	32		3432	104	114	16		4576
79	86	36		3476	105	115	20		4620
80	88			3520	106	116	24		4664
81	89	4		3564	107	117	28		4708
82	90	8		3608	108	118	32		4752
83	91	12		3652	109	119	36		4796
84	92	16		3696	110	121			4840
85	93	20		3740	111	122	4		4884
86	94	24		3784	112	123	8		4928
87	95	28		3828	113	124	12		4972
88	96	32		3872	114	125	16		5016
89	97	36		3916	115	126	20		5060
90	99			3960	116	127	24		5104
91	100	4		4004	117	128	28		5148
92	101	8		4048	118	129	32		5192
93	102	12		4092	119	130	36		5236
94	103	16		4136	120	132			5280
95	104	20		4180					
96	105	24		4224					
97	106	[illegible]		4268					

25/24. — 1 mètre 25 centimètres.

Nombre de dents à 27 millimètres, 272 millièmes.	Portées.	Dents.	Fractions.	Nombre de dents en tout le peigne.		Nombre de dents à 27 millimètres, 272 millièmes.	Portées.	Dents.	Fractions.	Nombre de dents en tout le peigne.	
20	22	36	2/3	916	2/3	46	52	28	1/3	2108	1/3
21	24	2	1/2	962	1/2	47	53	34	1/6	2154	1/6
22	25	8	1/3	1008	1/3	48	55			2200	
23	26	14	1/6	1054	1/6	49	56	5	5/6	2245	5/6
24	27	20		1100		50	57	11	2/3	2291	2/3
25	28	25	5/6	1145	5/6	51	58	17	1/2	2337	1/2
26	29	31	2/3	1191	2/3	52	59	23	1/3	2383	1/3
27	30	37	1/2	1237	1/2	53	60	29	1/6	2429	1/6
28	32	3	1/3	1283	1/3	54	61	35		2475	
29	33	9	1/6	1329	1/6	55	63		5/6	2520	5/6
30	34	15		1375		56	64	6	2/3	2566	2/3
31	35	20	5/6	1420	5/6	57	65	12	1/2	2612	1/2
32	36	26	2/3	1466	2/3	58	66	18	1/3	2658	1/3
33	37	32	1/2	1512	1/2	59	67	24	1/6	2704	1/6
34	38	38	1/3	1558	1/3	60	68	30		2750	
35	40	4	1/6	1604	1/6	61	69	35	5/6	2795	5/6
36	41	10		1650		62	71	1	2/3	2841	2/3
37	42	15	5/6	1695	5/6	63	72	7	1/2	2887	1/2
38	43	21	2/3	1741	2/3	64	73	13	1/3	2933	1/3
39	44	27	1/2	1787	1/2	65	74	19	1/6	2979	1/6
40	45	33	1/3	1833	1/3	66	75	25		3025	
41	46	39	1/6	1879	1/6	67	76	30	5/6	3070	5/6
42	48	5		1925		68	77	36	2/3	3116	2/3
43	49	10	5/6	1970	5/6	69	79	2	1/2	3162	1/2
44	50	16	2/3	2016	2/3	70	80	8	1/3	3208	1/3
45	51	22	1/2	2062	1/2	71	81	14	1/6	3254	1/6

25/24. — 1 mètre 25 centimètres.

Nombre de dents à 27 millimètres, 272 millièmes.	Portées.	Dents.	Fractions.	Nombre de dents en tout le peigne.		Nombre de dents à 27 millimètres, 272 millièmes.	Portées.	Dents.	Fractions.	Nombre de dents en tout le peigne.	
72	82	20		3300		98	112	11	2/3	4491	2/3
73	83	25	5/6	3345	5/6	99	113	17	1/2	4537	1/2
74	84	31	2/3	3391	2/3	100	114	23	1/3	4583	1/3
75	85	37	1/2	3437	1/2	101	115	29	1/6	4629	1/6
76	87	3	1/3	3483	1/3	102	116	35		4675	
77	88	9	1/6	3529	1/6	103	118	[illegible]	5/6	4720	5/6
78	89	15		3575		104	119	6	2/3	4766	2/3
79	90	20	5/6	3620	5/6	105	120	12	1/2	4812	1/2
80	91	26	2/3	3666	2/3	106	121	18	1/3	4858	1/3
81	92	32	1/2	3712	1/2	107	122	24	1/6	4904	1/6
82	93	38	1/3	3758	1/3	108	123	30		4950	
83	95	4	1/6	3804	1/6	109	124	35	5/6	4995	5/6
84	96	10		3850		110	126	1	2/3	5041	2/3
85	97	15	5/6	3895	5/6	111	127	7	1/2	5087	1/2
86	98	21	2/3	3941	2/3	112	128	13	1/3	5133	1/3
87	99	27	1/2	3987	1/2	113	129	19	1/6	5179	1/6
88	100	33	1/3	4033	1/3	114	130	25		5225	
89	101	39	1/6	4079	1/6	115	131	30	5/6	5270	5/6
90	103	5		4125		116	132	36	2/3	5316	2/3
91	104	10	5/6	4170	5/6	117	134	2	1/2	5362	1/2
92	105	16	2/3	4216	2/3	118	135	8	1/3	5408	1/3
93	106	22	1/2	4262	1/2	119	136	14	1/6	5454	1/6
94	107	28	1/3	4308	1/3	120	137	20		5500	
95	108	34	1/6	4354	1/6						
96	110			4400							
97	111	5	5/6	4445	5/6						

13/12. 1 mètre 30 centimètres.

Nombre de dents à 27 millimètres, 272 milliêmes.	Portées.	Dents.	Fractions.	Nombre de dents en tout le peigne.		Nombre de dents à 27 millimètres, 272 milliêmes.	Portées.	Dents.	Fractions.	Nombre de dents en tout le peigne.	
20	23	33	1/3	953	1/3	46	54	32	2/3	2192	2/3
21	25	1		1001		47	56	0	1/3	2240	1/3
22	26	8	2/3	1048	2/3	48	57	8		2288	
23	27	16	1/3	1096	1/3	49	58	15	2/3	2335	2/3
24	28	24		1144		50	59	23	1/3	2383	1/3
25	29	31	2/3	1191	2/3	51	60	31		2431	
26	30	39	1/3	1239	1/3	52	61	38	2/3	2478	2/3
27	32	7		1287		53	63	6	1/3	2526	1/3
28	33	14	2/3	1334	2/3	54	64	14		2574	
29	34	22	1/3	1382	1/3	55	65	21	2/3	2621	2/3
30	35	30		1430		56	66	29	1/3	2669	1/3
31	36	37	2/3	1477	2/3	57	67	37		2717	
32	38	5	1/3	1525	1/3	58	69	4	2/3	2764	2/3
33	39	13		1573		59	70	12	1/3	2812	1/3
34	40	20	2/3	1620	2/3	60	71	20		2860	
35	41	28	1/3	1668	1/3	61	72	27	2/3	2907	2/3
36	42	36		1716		62	73	35	1/3	2955	1/3
37	44	3	2/3	1763	2/3	63	75	3		3003	
38	45	11	1/3	1811	1/3	64	76	10	2/3	3050	2/3
39	46	19		1859		65	77	18	1/3	3098	1/3
40	47	26	2/3	1906	2/3	66	78	26		3146	
41	48	34	1/3	1954	1/3	67	79	33	2/3	3193	2/3
42	50	2		2002		68	81	1	1/3	3241	1/3
43	51	9	2/3	2049	2/3	69	82	9		3289	
44	52	17	1/3	2097	1/3	70	83	16	2/3	3336	2/3
45	53	25		2145		71	84	24	1/3	3384	1/3

13/12. — 1 mètre 30 centimètres.

Nombre de dents à 27 millimètres, 272 millièmes.	Portées.	Dents.	Fractions.	Nombre de dents en tout le peigne.	
72	85	32		3432	
73	86	39	2/3	3479	2/3
74	88	7	1/3	3527	1/3
75	89	15		3575	
76	90	22	2/3	3622	2/3
77	91	30	1/3	3670	1/3
78	92	38		3718	
79	94	5	2/3	3765	2/3
80	95	13	1/3	3813	1/3
81	96	21		3861	
82	97	28	2/3	3908	2/3
83	98	36	1/3	3956	1/3
84	100	4		4004	
85	101	11	2/3	4051	2/3
86	102	19	1/3	4099	1/3
87	103	27		4147	
88	104	34	2/3	4194	2/3
89	106	2	1/3	4242	1/3
90	107	10		4290	
91	108	17	2/3	4337	1/2
92	109	25	1/3	4385	1/3
93	110	33		4433	
94	112		2/3	4480	2/3
95	113	8	1/3	4528	1/3
96	114	16		4576	
97	115	23	2/3	4623	2/3

Nombre de dents à 27 millimètres, 272 millièmes.	Portées.	Dents.	Fractions.	Nombre de dents en tout le peigne.	
98	116	31	1/3	4671	1/3
99	117	39		4719	
100	119	6	2/3	4766	2/3
101	120	14	1/3	4814	1/3
102	121	22		4862	
103	122	29	2/3	4909	2/3
104	123	37	1/3	4957	1/3
105	125	5		5005	
106	126	12	2/3	5052	2/3
107	127	20	1/3	5100	1/3
108	128	28		5148	
109	129	35	2/3	5195	2/3
110	131	3	1/3	5243	1/3
111	132	11		5291	
112	133	18	2/3	5338	2/3
113	134	26	1/3	5386	1/3
114	135	34		5433	
115	137	1	2/3	5481	2/3
116	138	9	1/3	5529	1/3
117	139	17		5577	
118	140	24	2/3	5624	2/3
119	141	32	1/3	5672	1/3
120	143			5720	

9/8. — 1 mètre 35 centimètres.

Nombre de dents à 27 millimètres, 272 millièmes.	Portées.	Dents.	Fractions.	Nombre de dents en tout le peigne.		Nombre de dents à 27 millimètres, 272 millièmes.	Portées.	Dents.	Fractions.	Nombre de dents en tout le peigne.	
20	24	30		990		46	56	37		2277	
21	25	39	1/2	1039	1/2	47	58	6	1/2	2326	1/2
22	27	9		1089		48	59	16		2376	
23	28	18	1/2	1138	1/2	49	60	25	1/2	2425	1/2
24	29	28		1188		50	61	35		2475	
25	30	37	1/2	1237	1/2	51	63	4	1/2	2524	1/2
26	32	7		1287		52	64	14		2574	
27	33	16	1/2	1336	1/2	53	65	23	1/2	2623	1/2
28	34	26		1386		54	66	33		2673	
29	35	35	1/2	1435	1/2	55	68	2	1/2	2722	1/2
30	37	5		1485		56	69	12		2772	
31	38	14	1/2	1534	1/2	57	70	21	1/2	2821	1/2
32	39	24		1584		58	71	31		2871	
33	40	33	1/2	1633	1/2	59	73		1/2	2920	1/2
34	42	3		1683		60	74	10		2970	
35	43	12	1/2	1732	1/2	61	75	19	1/2	3019	1/2
36	44	22		1782		62	76	29		3069	
37	45	31	1/2	1831	1/2	63	77	38	1/2	3118	1/2
38	47	1		1881		64	79	8		3168	
39	48	10	1/2	1930	1/2	65	80	17	1/2	3217	1/2
40	49	20		1980		66	81	27		3267	
41	50	29	1/2	2029	1/2	67	82	36	1/2	3316	1/2
42	51	39		2079		68	84	6		3366	
43	53	8	1/2	2128	1/2	69	85	15	1/2	3415	1/2
44	54	18		2178		70	86	25		3465	
45	55	27	1/2	2227	1/2	71	87	34	1/2	3514	1/2

9/8. — 1 mètre 35 centimètres.

Nombre de dents à 27 millimètres, 272 millièmes.	Portées.	Dents.	Fractions.	Nombre de dents en tout le peigne.		Nombre de dents à 27 millimètres, 272 millièmes.	Portées.	Dents.	Fractions.	Nombre de dents en tout le peigne.	
72	89	4		3564		98	121	11		4851	
73	90	13	1/2	3613	1/2	99	122	20	1/2	4900	1/2
74	91	23		3663		100	123	30		4950	
75	92	32	1/2	3712	1/2	101	124	39	1/2	4999	1/2
76	94	2		3762		102	126	9		5049	
77	95	11	1/2	3811	1/2	103	127	18	1/2	5098	1/2
78	96	21		3861		104	128	28		5148	
79	97	30	1/2	3910	1/2	105	129	37	1/2	5197	1/2
80	99			3960		106	131	7		5247	
81	100	9	1/2	4009	1/2	107	132	16	1/2	5296	1/2
82	101	19		4059		108	133	26		5346	
83	102	28	1/2	4108	1/2	109	134	35	1/2	5395	1/2
84	103	38		4158		110	136	5		5445	
85	105	7	1/2	4207	1/2	111	137	14	1/2	5494	1/2
86	106	17		4257		112	138	24		5544	
87	107	26	1/2	4306	1/2	113	139	33	1/2	5593	1/2
88	108	36		4356		114	141	3		5643	
89	110	5	1/2	4405	1/2	115	142	12	1/2	5692	1/2
90	111	15		4455		116	143	22		5742	
91	112	24	1/2	4504	1/2	117	144	31	1/2	5791	1/2
92	113	34		4554		118	146	1		5841	
93	115	3	1/2	4603	1/2	119	147	10	1/2	5890	1/2
94	116	13		4653		120	148	20		5940	
95	117	22	1/2	4702	1/2						
96	118	32		4752							
97	120	1	1/2	4801	1/2						

7/6. — 1 mètre 40 centimètres.

Nombre de dents à 27 millimètres, 272 millièmes.	Portées.	Dents.	Fractions.	Nombre de dents en tout le peigne.		Nombre de dents à 27 millimètres, 272 millièmes.	Portées.	Dents.	Fractions.	Nombre de dents en tout le peigne.	
20	25	26	2/3	1026	2/3	46	59	4	1/3	2361	1/3
21	26	38		1078		47	60	12	2/3	2412	2/3
22	28	9	1/3	1129	1/3	48	61	24		2464	
23	29	20	2/3	1180	2/3	49	62	35	1/3	2515	1/3
24	30	32		1232		50	64	6	2/3	2566	2/3
25	32	3	1/3	1283	1/3	51	65	18		2618	
26	33	14	2/3	1334	2/3	52	66	29	1/3	2669	1/3
27	34	26		1386		53	68		2/3	2720	2/3
28	35	37	1/3	1437	1/3	54	69	12		2772	
29	37	8	2/3	1488	2/3	55	70	23	1/3	2823	1/3
30	38	20		1540		56	71	34	2/3	2874	2/3
31	39	31	1/3	1591	1/3	57	73	6		2926	
32	41	2	2/3	1642	2/3	58	74	17	1/3	2977	1/3
33	42	14		1694		59	75	28	2/3	3028	2/3
34	43	25	1/3	1745	1/3	60	77		-	3080	
35	44	36	2/3	1796	2/3	61	78	11	1/3	3131	1/3
36	46	8		1848		62	79	22	2/3	3182	2/3
37	47	19	1/3	1899	1/3	63	80	34		3234	
38	48	30	1/3	1950	2/3	64	82	5	1/3	3285	1/3
39	50	2		2002		65	83	16	2/3	3336	2/3
40	51	13	1/3	2053	1/3	66	84	28		3388	
41	52	24	2/3	2104	2/3	67	85	39	1/3	3439	1/3
42	53	36		2156		68	87	10	2/3	3490	2/3
43	55	7	1/3	2207	1/3	69	88	22		3542	
44	56	18	2/3	2258	2/3	70	89	33	1/3	3593	1/3
45	57	30		1310		71	91	4	2/3	3644	2/3

7/6 — 1 mètre 40 centimètres.

Nombre de dents à 27 millimètres, 272 millièmes.	Portées.	Dents.	Fractions.	Nombre de dents en tout le peigne.		Nombre de dents à 27 millimètres, 272 millièmes.	Portées.	Dents.	Fractions.	Nombre de dents en tout le peigne.	
72	92	16		3696		98	125	30	2/3	5030	2/3
73	93	27	1/3	3747	1/3	99	127	2		5082	
74	94	38	2/3	3798	2/3	100	128	13	1/3	5133	1/3
75	96	10		3850		101	129	24	2/3	5184	2/3
76	97	21	1/3	3901	1/3	102	130	36		5236	
77	98	32	2/3	3952	2/3	103	132	7	1/3	5287	1/3
78	100	4		4004		104	133	18	2/3	5338	2/3
79	101	15	1/3	4055	1/3	105	134	30		5390	
80	102	26	2/3	4106	2/3	106	136	1	1/3	5441	1/3
81	103	38		4158		107	137	12	2/3	5492	2/3
82	105	9	1/3	4209	1/3	108	138	24		5544	
83	106	20	2/3	4260	2/3	109	139	35	1/3	5595	1/3
84	107	32		4312		110	141	6	2/3	5646	2/3
85	109	3	1/3	4363	1/3	111	142	18		5698	
86	110	14	2/3	4414	2/3	112	143	29	1/3	5759	1/3
87	111	26		4466		113	145		2/3	5800	2/3
88	112	37	1/3	4517	1/3	114	146	12		5852	
89	114	8	2/3	4568	2/3	115	147	23	1/3	5903	1/3
90	115	20		4620		116	148	34	2/3	5954	2/3
91	116	31	1/3	4671	1/3	117	150	6		6006	
92	118	2	2/3	4722	2/3	118	151	17	1/3	6057	1/3
93	119	14		4774		119	152	28	2/3	6108	2/3
94	120	25	1/3	4825	1/3	120	154			6160	
95	121	36	2/3	4876	2/3						
96	123	8		4928							
97	124	19	1/3	4979	1/3						

29/24. — 1 mètre 45 centimètres.

Nombre de dents à 27 millimètres, 272 millièmes.	Portées.	Dents.	Fractions.	Nombre de dents en tout le peigne.		Nombre de dents à 27 millimètres, 272 millièmes.	Portées.	Dents.	Fractions.	Nombre de dents en tout le peigne.	
20	26	23	1/3	1063	1/3	46	61	5	2/3	2445	2/3
21	27	36	1/2	1116	1/2	47	62	18	5/6	2498	5/6
22	29	9	2/3	1169	2/3	48	63	32		2552	
23	30	22	5/6	1222	5/6	49	65	5	1/6	2605	1/6
24	31	36		1276		50	66	18	1/3	2658	1/3
25	33	9	1/6	1329	1/6	51	67	31	1/2	2711	1/2
26	34	22	1/3	1382	1/3	52	69	4	2/3	2764	2/3
27	35	35	1/2	1435	1/2	53	70	17	5/6	2817	5/6
28	37	8	2/3	1488	2/3	54	71	31		2871	
29	38	21	5/6	1541	5/6	55	73	4	1/6	2924	1/6
30	39	35		1595		56	74	17	1/3	2977	1/3
31	41	8	1/6	1648	1/6	57	75	30	1/2	3030	1/2
32	42	21	1/3	1701	1/3	58	77	3	2/3	3083	2/3
33	43	34	1/2	1754	1/2	59	78	16	5/6	3136	5/6
34	45	7	2/3	1807	2/3	60	79	30		3190	
35	46	20	5/6	1860	5/6	61	81	3	1/6	3243	1/6
36	47	34		1914		62	82	16	1/3	3296	1/3
37	49	7	1/6	1967	1/6	63	83	29	1/2	3349	1/2
38	50	20	1/3	2020	1/3	64	85	2	2/3	3402	2/3
39	51	33	1/2	2073	1/2	65	86	15	5/6	3455	5/6
40	53	6	2/3	2126	2/3	66	87	29		3509	
41	54	19	5/6	2179	5/6	67	89	2	1/6	3562	1/6
42	55	33		2233		68	90	15	1/3	3615	1/3
43	57	6	1/6	2286	1/6	69	91	28	1/2	3668	1/2
44	58	19	1/3	2339	1/3	70	93	1	2/3	3721	2/3
45	59	32	1/2	2392	1/2	71	94	14	5/6	3774	5/6

29/24. — 1 mètre 45 centimètres.

Nombre de dents à 27 millimètres, 272 millièmes.	Portées.	Dents.	Fractions.	Nombre de dents en tout le peigne.	
72	95	28		3828	
73	97	1	1/6	3881	1/6
74	98	14	1/3	3934	1/3
75	99	27	1/2	3987	1/2
76	101		2/3	4040	2/3
77	102	13	5/6	4093	5/6
78	103	27		4147	
79	105		1/6	4200	1/6
80	106	13	1/3	4253	1/3
81	107	26	1/2	4306	1/2
82	108	39	2/3	4359	2/3
83	110	12	5/6	4412	5/6
84	111	26		4466	
85	112	39	1/6	4519	1/6
86	114	12	1/3	4572	1/3
87	115	25	1/2	4625	1/2
88	116	38	2/3	4678	2/3
89	118	11	5/6	4731	5/6
90	119	25		4785	
91	120	38	1/6	4838	1/6
92	122	11	1/3	4891	1/3
93	123	24	1/2	4944	1/2
94	124	37	2/3	4997	2/3
95	126	10	5/6	5050	5/6
96	127	24		5104	
97	128	27	1/6	5157	1/6
98	130	10	1/3	5210	1/3
99	131	23	1/2	5263	1/2
100	132	36	2/3	5316	2/3
101	134	9	5/6	5368	5/6
102	135	23		5423	
103	136	36	1/6	5476	1/6
104	138	9	1/3	5529	1/3
105	139	22	1/2	5582	1/2
106	140	35	2/3	5635	2/3
107	142	8	5/6	5688	5/6
108	143	22		5742	
109	144	35	1/6	5795	1/6
110	146	8	1/3	5848	1/3
111	147	21	1/2	5901	1/2
112	148	34	2/3	5954	2/3
113	150	7	5/6	6007	5/6
114	151	21		6061	
115	152	34	1/6	6114	1/6
116	154	7	1/3	6167	1/3
117	155	20	1/2	6220	1/2
118	156	33	2/3	6273	2/3
119	158	6	5/6	6326	5/6
120	159	20		6380	

5/4. — 1 mètre 50 centimètres.

Nombre de dents, à 27 millimètres, 272 millièmes.	Portées.	Dents.	Fractions.	Nombre de dents en tout le peigne.	Nombre de dents, à 27 millimètres, 272 millièmes.	Portées.	Dents.	Fractions.	Nombre de dents en tout le peigne.
20	27	20		1100	46	63	10		2530
21	28	35		1155	47	64	25		2585
22	30	10		1210	48	66			2640
23	31	25		1265	49	67	15		2695
24	33			1320	50	68	30		2750
25	34	15		1375	51	70	5		2805
26	35	30		1430	52	71	20		2860
27	37	5		1485	53	72	35		2915
28	38	20		1540	54	74	10		2970
29	39	35		1595	55	75	25		3025
30	41	10		1650	56	77			3080
31	42	25		1705	57	78	15		3135
32	44			1760	58	79	30		3190
33	45	15		1815	59	81	5		3245
34	46	30		1870	60	82	20		3300
35	48	5		1925	61	83	35		3355
36	49	20		1980	62	85	10		3410
37	50	35		2035	63	86	25		3465
38	52	10		2090	64	88			3520
39	53	25		2145	65	89	15		3575
40	55			2200	66	90	30		3630
41	56	15		2255	67	92	5		3685
42	57	30		2310	68	93	20		3740
43	59	5		2365	69	94	35		3795
44	60	20		2420	70	96	10		3850
45	61	35		2475	71	97	25		3905

5/4. — 1 mètre 50 centimètres.

Nombre de dents à 27 millimètres, 272 millièmes.	Portées.	Dents.	Fractions.	Nombre de dents en tout le peigne.	Nombre de dents à 27 millimètres, 272 millièmes.	Portées.	Dents.	Fractions.	Nombre de dents en tout le peigne.
72	99			3960	98	134	30		5390
73	100	15		4015	99	136	5		5445
74	101	30		4070	100	137	20		5500
75	103	5		4125	101	138	35		5555
76	104	20		4180	102	140	10		5610
77	105	35		4235	103	141	25		5665
78	107	10		4290	104	143			5720
79	108	25		4345	105	144	15		5775
80	110			4400	106	145	30		5830
81	111	15		4455	107	147	5		5885
82	112	30		4510	108	148	20		5940
83	114	5		4565	109	149	35		5995
84	115	20		4620	110	151	10		6050
85	116	35		4675	111	152	25		6105
86	118	10		4730	112	154			6160
87	119	25		4785	113	155	15		6215
88	121			4840	114	156	30		6270
89	122	15		4895	115	158	5		6325
90	123	30		4950	116	159	20		6380
91	125	5		5005	117	160	35		6435
92	126	20		5060	118	162	10		6490
93	127	35		5115	119	163	25		6545
94	129	10		5170	120	165			6600
95	130	25		5225					
96	132			5280					
97	133	15		5335					

31/24. — 1 mètre 55 centimètres.

Nombre de dents à 27 millimètres, 272 millièmes.	Portées.	Dents.	Fractions.	Nombre de dents en tout le peigne.		Nombre de dents à 27 millimètres, 272 millièmes.	Portées.	Dents.	Fractions.	Nombre de dents en tout le peigne.	
20	28	16	2/3	1136	2/3	46	65	14	1/3	2614	1/3
21	29	33	1/2	1193	1/2	47	66	31	1/6	2671	1/6
22	31	10	1/3	1250	1/3	48	68	8		2728	
23	32	27	1/6	1307	1/6	49	69	24	5/6	2784	5/6
24	34	4		1364		50	71	1	2/3	2841	2/3
25	35	20	5/6	1420	5/6	51	72	18	1/2	2898	1/2
26	36	37	2/3	1477	2/3	52	73	35	1/3	2955	1/3
27	38	14	1/2	1534	1/2	53	75	12	1/6	3012	1/6
28	39	31	1/3	1591	1/3	54	76	29		3069	
29	41	8	1/6	1648	1/6	55	78	5	5/6	3125	5/6
30	42	25		1705		56	79	22	2/3	3180	2/3
31	44	1	5/6	1761	5/6	57	80	39	1/2	3239	1/2
32	45	18	2/3	1818	2/3	58	82	16	1/3	3296	1/3
33	46	35	1/2	1875	1/2	59	83	33	1/6	3353	1/6
34	48	12	1/3	1932	1/3	60	85	10		3410	
35	49	29	1/6	1989	1/6	61	86	26	5/6	3466	5/6
36	51	6		2046		62	88	3	2/3	3523	2/3
37	52	22	5/6	2102	5/6	63	89	20	1/2	3580	1/2
38	53	39	2/3	2159	2/3	64	90	37	1/3	3637	1/3
39	55	16	1/2	2216	1/2	65	92	14	1/6	3694	1/6
40	56	33	1/3	2273	1/3	66	93	31		3751	
41	58	10	1/6	2330	1/6	67	95	7	5/6	3807	5/6
42	59	27		2387		68	96	24	2/3	3864	2/3
43	61	3	5/6	2443	5/6	69	98	1	1/2	3921	1/2
44	62	20	2/3	2500	2/3	70	99	18	1/3	3978	1/3
45	63	37	1/2	2557	1/2	71	100	35	1/6	4015	1/6

31/24. — 1 mètre 55 centimètres.

Nombre de dents à 27 millimètres, 272 millièmes.	Portées.	Dents.	Fractions.	Nombre de dents en tout le peigne.		Nombre de dents à 27 millimètres, 272 millièmes.	Portées.	Dents.	Fractions.	Nombre de dents en tout le peigne.	
72	102	12		4092		98	139	9	2/3	5569	2/3
73	103	28	5/6	4148	5/6	99	140	26	1/2	5626	1/2
74	105	5	2/3	4205	2/3	100	142	3	1/3	5683	1/3
75	106	22	1/2	4262	1/2	101	143	20	1/6	5740	1/6
76	107	39	1/3	4319	1/3	102	144	37		5797	
77	109	16	1/6	4376	1/6	103	146	13	5/6	5853	5/6
78	110	33		4433		104	147	30	2/3	5910	2/3
79	112	9	5/6	4489	5/6	105	149	7	1/2	5967	1/2
80	113	26	2/3	4546	2/3	106	150	24	1/3	6024	1/3
81	115	3	1/2	4603	1/2	107	152	1	1/6	6081	1/6
82	116	20	1/3	4660	1/3	108	153	18		6138	
83	117	37	1/6	4717	1/6	109	154	34	5/6	6194	5/6
84	119	14		4774		110	156	11	2/3	6251	2/3
85	120	30	5/6	4830	5/6	111	157	28	1/2	6308	1/2
86	122	7	2/3	4887	2/3	112	159	5	1/3	6365	1/3
87	123	24	1/2	4944	1/2	113	160	22	1/6	6422	1/6
88	125	1	1/3	5001	1/3	114	161	39		6479	
89	126	18	1/6	5058	1/6	115	163	15	5/6	6535	5/6
90	127	35		5115		116	164	32	2/3	6592	2/3
91	129	11	5/6	5171	5/6	117	166	9	1/2	6649	1/2
92	130	28	2/3	5228	2/3	118	167	26	1/3	6706	1/3
93	132	5	1/2	5285	1/2	119	169	3	1/6	6763	1/6
94	133	22	1/3	5342	1/3	120	170	20		6820	
95	134	39	1/6	5399	1/6						
96	136	16		5456							
97	137	32	5/6	5512	5/6						

4/3. — 1 mètre 60 centimètres.

Nombre de dents à 27 millimètres, 272 millièmes.	Portées.	Dents.	Fractions.	Nombre de dents en tout le peigne.	Nombre de dents à 27 millimètres, 272 millièmes.	Portées.	Dents.	Fractions.	Nombre de dents en tout le peigne.
20	29	13	1/3	1173 1/3	46	67	18	2/3	2698 2/3
21	30	32		1232	47	68	37	1/3	2757 1/3
22	32	10	2/3	1290 2/3	48	70	16		2816
23	33	29	1/3	1349 1/3	49	71	34	2/3	2874 2/3
24	35	8		1408	50	73	13	1/3	2933 1/3
25	36	26	2/3	1466 2/3	51	74	32		2992
26	38	5	1/3	1525 1/3	52	76	10	2/3	3050 2/3
27	39	24		1584	53	77	29	1/3	3109 1/3
28	41	2	2/3	1642 2/3	54	79	8		3168
29	42	21	1/3	1701 1/3	55	80	26	2/3	3226 2/3
30	44			1760	56	82	5	1/3	3285 1/3
31	45	18	2/3	1818 2/3	57	83	24		3344
32	46	37	1/3	1877 1/3	58	85	2	2/3	3402 2/3
33	47	16		1936	59	86	21	1/3	3461 1/3
34	49	34	2/3	1994 2/3	60	88			3520
35	51	13	1/3	2053 1/3	61	89	18	2/3	3578 2/3
36	52	32		2112	62	90	37	1/3	3637 1/3
37	54	10	2/3	2170 2/3	63	92	16		3696
38	55	29	1/3	2229 1/3	64	93	34	2/3	3754 2/3
39	57	8		2288	65	95	13	1/3	3813 1/3
40	58	26	2/3	2346 2/3	66	96	32		3872
41	60	5	1/3	2405 1/3	67	98	10	2/3	3930 2/3
42	61	22		2464	68	99	29	1/3	3989 1/3
43	63	2	2/3	2522 2/3	69	101	8		4048
44	64	21	1/3	2581 1/3	70	102	26	2/3	4106 2/3
45	66			2640	71	104	5	1/3	4165 1/3

4/3 — 1 mètre 60 centimètres.

Nombre de dents à 27 millimètres, 272 millièmes.	Portées.	Dents.	Fractions.	Nombre de dents en tout le peigne.		Nombre de dents à 27 millimètres, 272 millièmes.	Portées.	Dents.	Fractions.	Nombre de dents en tout le peigne.	
72	105	24		4224		98	143	29	1/3	5749	1/3
73	107	2	2/3	4282	2/3	99	145	8		5808	
74	108	21	1/3	4341	1/3	100	146	26	2/3	5866	2/3
75	110			4400		101	148	5	1/3	5925	1/3
76	111	18	2/3	4458	2/3	102	149	24		5984	
77	112	37	1/3	4517	1/3	103	151	2	2/3	6042	2/3
78	114	16		4576		104	152	21	1/3	6101	1/3
79	115	34	2/3	4634	2/3	105	154			6160	
80	117	13	1/3	4693	1/3	106	155	18	2/3	6218	2/3
81	118	32		4752		107	156	37	1/3	6277	1/3
82	120	10	2/3	4810	2/3	108	158	16		6336	
83	121	29	1/3	4869	1/3	109	159	34	2/3	6394	2/3
84	123	8		4928		110	161	13	1/3	6453	1/3
85	124	26	2/3	4986	2/3	111	162	32		6512	
86	126	5	1/3	5045	1/3	112	164	10	2/3	6570	2/3
87	127	24		5104		113	165	29	1/3	6629	1/3
88	129	2	2/3	5162	2/3	114	167	8		6688	
89	130	21	1/3	5221	1/3	115	168	26	2/3	6746	2/3
90	132			5280		116	170	5	1/3	6805	1/3
91	133	18	2/3	5338	2/3	117	171	24		6864	
92	134	37	1/3	5397	1/3	118	173	2	2/3	6922	2/3
93	136	16		5456		119	174	21	1/3	6981	1/3
94	137	34	2/3	5514	2/3	120	176			7040	
95	139	13	1/3	5573	1/3						
96	140	32		5632							
97	142	10	2/3	5690	2/3						

11/8. — 1 mètre 65 centimètres.

Nombre de dents à 27 millimètres, 272 millièmes.	Portées.	Dents.	Fractions.	Nombre de dents en tout le peigne.		Nombre de dents à 27 millimètres, 272 millièmes.	Portées.	Dents.	Fractions.	Nombre de dents en tout le peigne.	
20	30	10		1210		46	69	23		2783	
21	31	30	1/2	1270	1/2	47	71	3	1/2	2843	1/2
22	33	11		2331		48	72	24		2904	
23	34	31	1/2	1391	1/2	49	74	4	1/2	2964	1/2
24	36	12		1452		50	75	25		3025	
25	37	32	1/2	1512	1/2	51	77	5	1/2	3805	1/2
26	39	13		1573		52	78	26		3146	
27	40	33	1/2	1633	1/2	53	80	6	1/2	3206	1/2
28	42	14		1694		54	81	27		3267	
29	43	34	1/2	1754	1/2	55	83	7	1/2	3327	1/2
30	45	15		1815		56	84	28		3388	
31	46	35	1/2	1875	1/2	57	86	8	1/2	3448	1/2
32	48	16		1936		58	87	29		3509	
33	49	36	1/2	1996	1/2	59	89	9	1/2	3569	1/2
34	51	17		2057		60	90	30		3630	
35	52	37	1/2	2117	1/2	61	92	10	1/2	3690	1/2
36	54	18		2178		62	93	31		3651	
37	55	38	1/2	2238	1/2	63	95	11	1/2	3811	1/2
38	57	19		2299		64	96	32		3872	
39	58	39	1/2	2359	1/2	65	98	12	1/2	3932	1/2
40	60	20		2420		66	99	33		3993	
41	62		1/2	2480	1/2	67	101	13	1/2	4053	1/2
42	63	21		2541		68	102	34		4114	
43	65	1	1/2	2601	1/2	69	104	14	1/2	4174	1/2
44	66	22		2662		70	105	35		4235	
45	68	2	1/2	2722	1/2	71	107	15	1/2	4295	1/2

11/8. — 1 mètre 65 centimètres.

Nombre de dents à 27 millimètres, 272 millièmes.	Portées.	Dents.	Fractions.	Nombre de dents en tout le peigne.		Nombre de dents à 27 millimètres, 272 millièmes	Portées.	Dents.	Fractions.	Nombre de dents en tout le peigne.	
72	108	36		4356		98	148	9		5929	
73	110	16	1/2	4416	1/2	99	149	29	1/2	5989	1/2
74	111	37		4477		100	151	10		6050	
75	113	17	1/2	4537	1/2	101	152	30	1/2	6110	1/2
76	114	38		4598		102	154	11		6171	
77	116	18	1/2	4658	1/2	103	155	31	1/2	6231	1/2
78	117	39		4719		104	157	12		6292	
79	119	19	1/2	4779	1/2	105	158	32	1/2	6352	1/2
80	121			4840		106	160	13		6413	
81	122	20	1/2	4900	1/2	107	161	33	1/2	6473	1/2
82	124	1		4961		108	163	14		6534	
83	125	21	1/2	5021	1/2	109	164	34	1/2	6594	1/2
84	127	2		5082		110	166	15		6955	
85	128	22	1/2	5142	1/2	111	167	35	1/2	6715	1/2
86	130	3		5203		112	169	16		6776	
87	131	23	1/2	5263	1/2	113	170	36	1/2	6836	1/2
88	133	4		5324		114	172	17		6897	
89	134	24	1/2	5384	1/2	115	173	37	1/2	6957	1/2
90	136	5		5445		116	175	18		7018	
91	137	25	1/2	5505	1/2	117	176	38	1/2	7078	1/2
92	139	6		5566		118	178	19		7139	
93	140	26	1/2	5626	1/2	119	179	39	1/2	7199	1/2
94	142	7		5687		120	181	20		7260	
95	143	27	1/2	5747	1/2						
96	145	8		5808							
97	146	28	1/2	5868	1/2						

17/12. — 1 mètre 70 centimètres.

Nombre de dents à 27 millimètres, 272 millièmes.	Portées.	Dents.	Fractions.	Nombre de dents en tout le peigne.		Nombre de dents à 27 millimètres, 272 millièmes.	Portées.	Dents.	Fractions.	Nombre de dents en tout le peigne.	
20	31	6	2/3	1246	2/3	46	71	27	1/3	2867	1/3
21	32	29		1309		47	73	9	2/3	2992	2/3
22	34	11	1/3	1371	1/3	48	74	32		2992	
23	35	33	2/3	1433	2/3	49	76	14	1/3	3054	1/3
24	37	16		1496		50	77	36	2/3	3116	2/3
25	38	38	1/3	1558	1/3	51	79	19		3179	
26	40	20	2/3	1620	2/3	52	81	1	1/3	3241	1/3
27	42	3		1683		53	82	23	2/3	3303	2/3
28	43	25	1/3	1745	1/3	54	84	6		3366	
29	45	7	2/3	1807	2/3	55	85	28	1/3	3428	1/3
30	46	30		1870		56	87	10	2/3	3490	2/3
31	48	12	1/3	1932	1/3	57	88	33		3553	
32	49	34	2/3	1994	2/3	58	90	15	1/3	3615	1/3
33	51	17		2057		59	91	37	2/3	3677	2/3
34	52	39	1/3	2119	1/3	60	93	20		3740	
35	54	21	2/3	2181	2/3	61	95	2	1/3	3802	1/3
36	56	4		2244		62	96	24	2/3	3864	2/3
37	57	26	1/3	2306	1/3	63	98	7		3927	
38	59		2/3	2368	2/3	64	99	29	1/3	3989	1/3
39	60	31		2431		65	101	11	2/3	4051	2/3
40	62	13	1/3	2493	1/3	66	102	34		4114	
41	63	35	2/3	2555	2/3	67	104	16	1/3	4176	1/3
42	65	18		2618		68	105	38	2/3	4238	2/3
43	67		1/3	2680	1/3	69	107	21		4301	
44	68	22	2/3	2742	2/3	70	109	3	1/3	4363	1/3
45	70	5		2805		71	110	25	2/3	4425	2/3

17/12. — 1 mètre 70 centimètres.

Nombre de dents à 27 millimètres, 272 millièmes.	Portées.	Dents.	Fractions.	Nombre de dents en tout le peigne.	
72	112	8		4488	
73	113	30	1/3	4550	1/3
74	115	12	2/3	4612	2/3
75	116	35		4675	
76	118	17	1/3	4737	1/3
77	119	39	2/3	4799	2/3
78	121	22		4862	
79	123	4	1/3	4924	1/3
80	124	26	2/3	4986	2/3
81	126	9		5049	
82	127	31	1/3	5111	1/3
83	129	13	2/3	5173	2/3
84	130	36		5236	
85	132	18	1/3	5298	1/3
86	134		2/3	5360	2/3
87	135	23		5423	
88	137	5	1/3	5485	1/3
89	138	27	2/3	5547	2/3
90	140	10		5610	
91	141	32	1/3	5672	1/3
92	143	14	2/3	5734	2/3
93	144	37		5797	
94	146	19	1/3	5859	1/3
95	148	1	2/3	5921	2/3
96	149	24		5984	
97	151	6	1/3	6046	1/3
98	152	28	2/3	6108	2/3
99	154	11		6171	
100	155	33	1/3	6233	1/3
101	157	15	2/3	6295	2/3
102	158	38		6358	
103	160	20	1/3	6420	1/3
104	162	2	2/3	6482	2/3
105	163	25		6545	
106	165	7	1/3	6607	1/3
107	166	29	2/3	6669	2/3
108	168	12		6732	
109	169	34	1/3	6794	1/3
110	171	16	2/3	6856	2/3
111	172	39		6919	
112	174	21	1/3	6981	1/3
113	176	3	2/3	7043	2/3
114	177	26		7106	
115	179	8	1/3	7168	1/3
116	180	30	2/3	7230	2/3
117	182	13		7293	
118	183	35	1/3	7355	1/3
119	185	17	2/3	7417	2/3
120	187			7480	

35/24. — 1 mètre 75 centimètres.

Nombre de dents à 27 millimètres, 272 millièmes.	Portées.	Dents.	Fractions.	Nombre de dents en tout le peigne.		Nombre de dents à 27 millimètres, 272 millièmes.	Portées.	Dents.	Fractions.	Nombre de dents en tout le peigne.	
20	32	3	1/3	1283	1/3	46	73	31	2/3	2951	2/3
21	33	27	1/2	1347	1/2	47	75	15	5/6	3015	5/6
22	35	11	2/3	1411	2/3	48	77	0		3080	
23	36	35	5/6	1475	5/6	49	78	24	1/6	3144	1/6
24	38	20		1540		50	80	8	1/3	3208	1/3
25	40	4	1/6	1604	1/6	51	81	32	1/2	3272	1/2
26	41	28	1/3	1668	1/3	52	83	16	2/3	3336	2/3
27	43	12	1/2	1732	1/2	53	85	0	5/6	3400	5/6
28	44	36	2/3	1796	2/3	54	86	25		3465	
29	46	20	5/6	1860	5/6	55	88	9	1/6	3529	1/6
30	48	5		1925		56	89	33	1/3	3593	1/3
31	49	29	1/6	1989	1/6	57	91	17	1/2	3657	1/2
32	51	13	1/3	2053	1/3	58	93	1	2/3	3721	2/3
33	52	37	1/2	2117	1/2	59	94	25	5/6	3785	5/6
34	54	21	2/3	2181	2/3	60	96	10		3850	
35	56	5	5/6	2245	5/6	61	97	34	1/6	3914	1/6
36	57	30		2310		62	99	18	1/3	3978	1/3
37	59	14	1/6	2374	1/6	63	101	2	1/2	4042	1/2
38	60	38	1/3	2438	1/3	64	102	26	2/3	4106	2/3
39	62	22	1/2	2502	1/2	65	104	10	5/6	4170	5/6
40	64	6	2/3	2566	2/3	66	105	35		4235	
41	65	30	5/6	2630	5/6	67	107	19	1/6	4299	1/6
42	67	15		2695		68	109	3	1/3	4363	1/3
43	68	39	1/6	2759	1/6	69	110	27	1/2	4427	1/2
44	70	23	1/3	2823	1/3	70	112	11	2/3	4491	2/3
45	72	7	1/2	2887	1/2	71	113	35	5/6	4555	5/6

35/24. — 1 mètre 75 centimètres.

Nombre de dents à 27 millimètres, 273 millièmes.	Portées.	Dents.	Fractions.	Nombre de dents en tout le peigne.		Nombre de dents à 27 millimètres, 273 millièmes.	Portées.	Dents.	Fractions.	Nombre de dents en tout le peigne.	
72	115	20		4620		98	157	8	1/3	6288	1/3
73	117	4	1/6	4684	1/6	99	158	32	1/2	6352	1/2
74	118	28	1/3	4748	1/3	100	160	16	2/3	6416	2/3
75	120	12	1/2	4812	1/2	101	162	[illegible]	5/6	6480	5/6
76	121	36	2/3	4876	2/3	102	163	25		6545	
77	123	20	5/6	4940	5/6	103	165	9	1/6	6609	1/6
78	125	5		5005		104	166	33	1/3	6673	1/3
79	126	29	1/6	5069	1/6	105	168	17	1/2	6737	1/2
80	128	13	1/3	5133	1/3	106	170	1	2/3	6801	2/3
81	129	37	1/2	5197	1/2	107	171	25	5/6	6865	5/6
82	131	21	2/3	5261	2/3	108	173	10		6930	
83	133	5	5/6	5325	5/6	109	174	34	1/6	6994	1/6
84	134	30		5390		110	176	18	1/3	7058	1/3
85	136	14	1/6	5454	1/6	111	178	2	1/2	7122	1/2
86	137	38	1/3	5518	1/3	112	179	26	2/3	7186	2/3
87	139	22	1/2	5582	1/2	113	181	10	5/6	7250	5/6
88	141	6	2/3	5646	2/3	114	182	35		7315	
89	142	30	5/6	5710	5/6	115	184	19	1/6	7379	1/6
90	144	15		5775		116	186	3	1/3	7443	1/3
91	145	39	1/6	5839	1/6	117	187	27	1/2	7507	1/2
92	147	23	1/3	5903	1/3	118	189	11	2/3	7571	2/3
93	149	7	1/2	5967	1/2	119	190	35	5/6	7635	5/6
94	150	31	2/3	6031	2/3	120	192	20		7700	
95	152	15	5/6	6095	5/6						
96	154	[illegible]		6160							
97	155	24	1/6	6224	1/6						

6/4. 1 mètre 80 centimètres.

Nombre de dents à 27 millimètres, 272 millièmes.	Portées.	Dents.	Fractions.	Nombre de dents en tout le peigne.	Nombre de dents à 27 millimètres, 272 millièmes.	Portées.	Dents.	Fractions.	Nombre de dents en tout le peigne.
20	33			1320	46	75	36		3036
21	35	19		1386	47	77	22		3102
22	36	12		1452	48	79	8		3168
23	37	38		1518	49	80	34		3234
24	39	24		1584	50	82	20		3300
25	41	10		1650	51	84	6		3366
26	42	36		1716	52	85	32		3432
27	44	22		1782	53	87	18		3498
28	46	8		1848	54	89	4		3564
29	47	34		1914	55	90	30		3630
30	49	20		1980	56	92	16		3696
31	51	6		2046	57	94	2		3762
32	52	32		2112	58	95	28		3828
33	54	18		2178	59	97	14		3894
34	56	4		2244	60	99			3960
35	57	30		2310	61	100	26		4026
36	59	16		2376	62	102	12		4092
37	61	2		2442	63	103	38		4158
38	62	28		2508	64	105	24		4224
39	64	14		2574	65	107	10		4290
40	66			2640	66	108	36		4356
41	67	26		2706	67	110	22		4422
42	69	12		2772	68	112	8		4488
43	70	38		2838	69	113	34		4554
44	72	24		2904	70	115	20		4620
45	74	10		2970	71	117	6		4686

6/4. — 1 mètre 80 centimètres.

Nombre de dents à 27 millimètres, 272 millièmes.	Portées.	Dents.	Fractions.	Nombre de dents en tout le peigne.	Nombre de dents à 27 millimètres, 272 millièmes.	Portées.	Dents.	Fractions.	Nombre de dents en tout le peigne.
72	118	32		4752	98	161	28		6468
73	120	18		4818	99	163	14		6534
74	122	4		4884	100	165			6600
75	123	30		4950	101	166	26		6666
76	125	16		5016	102	168	12		6732
77	127	2		5082	103	169	38		6798
78	128	28		5148	104	171	24		6864
79	130	14		5214	105	173	10		6930
80	132			5280	106	174	36		6996
81	133	26		5346	107	176	22		7062
82	135	12		5412	108	178	8		7128
83	136	38		5478	109	179	34		7194
84	138	24		5544	110	181	20		7260
85	140	10		5610	111	183	6		7326
86	141	36		5676	112	184	32		7392
87	143	22		5742	113	186	18		7458
88	145	8		5808	114	188	4		7524
89	146	34		5874	115	189	30		7590
90	148	20		5940	116	191	16		7656
91	150	6		6006	117	193	2		7722
92	151	32		6072	118	194	28		7788
93	153	18		6138	119	196	14		7854
94	155	4		6204	120	198			7920
95	156	30		6270					
96	158	16		6336					
97	160	2		6402					

TABLEAU COMPARATIF
DES DIVISIONS DE L'AUNE
RÉDUITE EN POUCE.

Division de l'aune.	Pouces.	Lignes.	Division de l'aune.	Pouces.	Lignes.
1/3	14	8	25/24	45	10
3/8	16	6	13/12	47	8
19/48	17	5	9/8	49	6
5/12	18	4	7/6	51	4
7/16	19	3	29/24	53	2
11/24	20	2	5/4	55	
23/48	21	1	31/24	56	10
1/2	22		4/3	58	8
13/24	23	10	11/8	60	6
7/12	25	8	17/12	62	4
5/8	27	6	35/24	64	2
2/3	29	4	6/4	66	
17/24	31	2			
3/4	33				
19/24	34	10			
5/6	36	8			
7/8	38	6			
11/12	40	4			
15/16	41	3			
23/24	42	2			
4/4	44				

www.ingramcontent.com/pod-product-compliance
Ingram Content Group UK Ltd.
Pitfield, Milton Keynes, MK11 3LW, UK
UKHW021010200726
13857UKWH00004B/1380